经济发展模式与乡村振兴

付宇泽　韩世文　张艺◎著

北京燕山出版社
BEIJING YANSHAN PRESS

图书在版编目（CIP）数据

经济发展模式与乡村振兴 / 付宇泽，韩世文，张艺
著. --北京：北京燕山出版社，2023.10
ISBN 978-7-5402-7014-8

Ⅰ．①经… Ⅱ．①付… ②韩… ③张… Ⅲ．①经济发
展－关系－农村－社会主义建设－研究－中国 Ⅳ.
①F124②F320.3

中国国家版本馆 CIP 数据核字(2023)第 135757 号

经济发展模式与乡村振兴

作　　者	付宇泽　韩世文　张　艺	
责任编辑	李　涛	
出版发行	北京燕山出版社有限公司	
社　　址	北京市西城区椿树街道琉璃厂西街20号	
电　　话	010-65240430	
邮　　编	100052	
印　　刷	北京四海锦诚印刷技术有限公司	
开　　本	787mm×1092mm　1/16	
字　　数	211千字	
印　　张	11.25	
版　　次	2024 年 4 月第 1 版	
印　　次	2024 年 4 月第 1 次印刷	
定　　价	76.00 元	

作者简介

付宇泽，女，硕士研究生，毕业于东北师范大学政法学院思想政治教育专业。吉林农业科技学院马克思主义学院讲师，教研室主任。主要研究方向为乡村振兴。近年来主持并参与了多项省、市、校级重点课题，多次到各地考察调研乡村振兴实践，并发表多篇论文。

韩世文，男，汉族，1967 年 4 月生，宁夏海原县人，1990 年毕业于宁夏农学院，大学本科学历，农学学士学位。现供职于宁夏固原市原州区农村能源工作站，任副站长、高级农业工程师，从事农村能源技术推广、农村环境整治、农村改厕、清洁取暖、水产技术推广等工作 33 年，先后主持和参加实施省部级和国家级项目 9 项，取得了良好的经济和社会效益。近年来出版合著《农村能源与节能减排》，发表了论文《科技扶贫对策探讨》《杨忠堡村牛羊养殖特色主导产业发展规划》《玉米联合收获机常见故障与排除》《分析农村新能源建设过程中的不足及解决对策》《农村清洁能源开发利用存在的问题及解决方案研究》等。任高级农业工程师以来，获得农业部"2006 年全国农牧渔业丰收奖"二等奖；2019 年获宁夏回族自治区农业农村厅"实施农村阳光沐浴工程"先进个人；2020 年、2022 年被原州区委评为优秀工作者，2017、2018、2019 年度原州区农牧系统先进工作者。

张艺，女，汉族，1991 年生，内蒙古自治区包头市人，硕士研究生，毕业于内蒙古农业大学农村与区域发展专业，目前就职于内蒙古农业大学职业技术学院经济管理系，讲师，致力于研究农业经济相关研究，并参与多项省级科研课题，发表多篇该方向的论文。

前 言

　　实施乡村振兴战略，是决胜全面建成小康社会、全面建设社会主义现代化国家的重大历史任务，是新时代做好"三农"工作的总抓手，在我国"三农"发展进程中具有划时代的重大意义。乡村振兴强调坚持农业农村优先发展，是对乡村地位和作用的充分肯定，也是用历史的眼光看待乡村的地位与作用，是实现中华民族伟大复兴的中国梦的历史使命。按照乡村振兴战略的总要求，实施乡村振兴战略的核心在于协调好政策、改革、产业、资本、人才、技术、环境和合作等八个关键要素。政策是保障，"输血"变"造血"；改革是动力，基层更善治；产业是基础，产品变商品；资本是核心，村民变股民；人才是关键，离乡变返乡；技术是支撑，城乡更融合；环境是保障，服务更提升；合作是外因，动力更持续。乡村的未来，既离不开产业的发展，也离不开适度的规模化聚集。

　　本书是经济发展模式与乡村振兴研究方向的书籍，本书从乡村振兴的内容介绍入手，针对乡村振兴的要求、乡村振兴的理论基础、乡村振兴的现实基础进行了分析研究；另外对乡村振兴背景下乡村农业与文化发展、乡村旅游发展、电子商务可持续发展做了一定的介绍；还剖析了生态学视角下的乡村振兴、乡村振兴绿色发展等内容，旨在摸索出一条适合经济发展模式与乡村振兴的科学道路，帮助其工作者在应用中少走弯路，运用科学方法，提高效率，对经济发展模式与乡村振兴研究有一定的借鉴意义。

　　本书编写过程中，参考和借鉴了一些知名学者和专家的观点，在此向他们表示深深的感谢。由于水平和时间所限，书中难免会出现不足之处，希望各位读者和专家能够提出宝贵意见，以待进一步修改，使之更加完善。

目　录

第一章 乡村振兴的内容

第一节 乡村振兴的要求

乡村振兴，是党自中华人民共和国成立以来做出的重大决策，是新时代"三农"工作的总抓手。应该看到，乡村振兴提出的"产业兴旺、生态宜居、乡风文明、治理有效、生活富裕"的总要求是相互联系的有机整体，准确把握总要求的具体内涵及其相互关系，是理清乡村振兴战略思路、全面科学系统落实乡村振兴相关工作的重要一环。

一、产业兴旺

"产业兴旺"是乡村振兴的重点。没有乡村产业的兴旺，乡村振兴就是空中楼阁。

（一）夯实农业基础确保粮食安全

牢固树立农业基础意识，扎实推进"藏粮于地、藏粮于技"的战略，充分发挥农田水利基础设施的保障功能，开发农机装备与种业等现代科技创新的增产潜力，夯实粮食生产能力，全力实现好中国人的饭碗要牢牢端在中国人的手上，中国人的碗里要装中国人自己生产的粮食，中国人的粮食要用中国自己繁殖的先进品种，进一步推动国家粮食安全战略更实、更牢。同时，进一步优化农业结构，提高农业的国际竞争能力，不断增加农民收入。

（二）坚持绿色发展推进质量兴农

推动质量兴农、绿色兴农、品牌强农，就是要立足转变农业发展方式，积极构建现代农业产业体系、生产体系、经营体系，提升农业优质化、绿色化、品牌化发展水平，推动农业发展质量变革、效率变革、动力变革。完善乡村产业标准体系，加强质量安全监管，不断创新符合乡村产业振兴的组织形式，进一步构建现代农业产业体系、生产体系和经营体系。

（三）通过产业融合促进产业振兴

要在推动城镇化、工业化的过程中，始终注意不仅要把工业产业发展的重点放在城市，同时要制定诸多的政策，引导资源聚集到乡村发展、聚集到县域经济发展这个方向上来。所以，乡村产业振兴就要努力通过各种政策、各种措施，引导方方面面的力量，在继续推进城市繁荣发展的同时，将更多的要素导入到县域经济发展这个平台上来，为乡村创造更多的适合农民需要的、适合各方面人才展示才华的广阔天地，推动现代农业产业园建设，推动农村一、二、三产业融合发展，促进乡村产业振兴。

（四）推动特色产业激活乡村活力

推动特色优势产业区的发展，应注重加快信息技术、绿色制造等高新技术在整个产业链中的应用与渗透，加快构建现代农业产业体系、生产体系、经营体系，推进农业由"增产导向"转向"提质导向"，切实提升全要素生产率，提高农业发展的质量和效益，全面培育"现代农业+"的创新发展新业态，通过建立健全有利于城乡融合发展的体制机制和政策体系，推动现代科技走进乡村，农业产品走出乡村，挖掘和激活农村经济高质量发展的潜力。

二、生态宜居

"生态宜居"是乡村振兴的关键。将"生态宜居"作为总体要求的一项着重强调，体现出生态振兴对于乡村振兴的重要意义。现阶段，我国农业农村发展面临着人与自然、社会系统与自然生态系统之间矛盾突出的问题，须将生态文明建设全面融入乡村振兴各项工作中去，努力构建人与自然的和谐关系。与自然和谐相处、安居乐业是人们美好生活需要的重要部分。

在工业化、城镇化加速发展的背景下，必须加大农村生态治理资金的投入，建立健全有利于农村生态治理的生态补偿机制，强调尊重自然、顺应自然、保护自然，统筹山、水、林、田、湖、草系统治理，增加农业生态产品和服务供给，推动乡村自然资本加快增值，实现"百姓富"和"生态美"的"双赢"。还要进一步创新与整合相关技术，加强农业面源污染防治、农村水环境治理和饮用水水源保护、土壤污染治理修复、流域环境治理、近岸海域综合治理等，实现投入品减量化、生产清洁化、废弃物资源化、产业模式生态化，严禁工业和城镇污染向农业农村转移。另外，在乡村改造过程中，须注意保留村庄原始风貌，注重文化传承，全面改善和提升农村人居环境的质量，通过建设美丽乡村、完善农村生态治理设施建设，进一步提升村容村貌，更好地发展乡村旅游、打造田园综合体。

（一）生态技术化和技术生态化，实现可持续发展

科技的使用让人类改造自然的水平大幅提升，但科技的滥用也提升了自然灾害和生态灾难爆发的频率。我们必须辩证地看到，科技对于生态环境的影响是双面性的，不仅可以有效改善提升环境质量，也可以扰乱甚至破坏生态系统的平衡性。因此，如何使用科学技术是人类探索人与自然和谐发展之路的一个关键问题。

乡村振兴需要认真审视对待技术问题，更加理性地选择使用科学技术，支持鼓励农业技术创新，积极发展推广农业生态化技术。所谓生态化的技术，就是既考虑到人对自然的依赖性，又能关注人对自然的责任与义务的技术。生态化的技术不是把科学技术简单地生态化，也不是将生态学简单地同科学技术画等号，而是在技术的创新发展中融入生态化的思维和意识，赋予技术生态与环保的理念和属性。农业生态化的技术把生态保护的理念融入农业技术的具体发展中，从技术开始被使用就以维护大多数人的社会利益以及推动生态环境可持续发展为准则。同时，将技术使用的评价标准与目标结果从"人—社会"的二维视角转向"人—社会—自然"的三维视角，让农业科学技术既服务于人类社会的经济发展，又服务于自然生态环境的保护与建设。

（二）确立生态系统整体性循环思维，实现人与自然环境协调发展

新时代建设生态文明，乡村振兴，必须用新的思维方式。迈向生态文明时代，人类的发展思维方式应该是超越分析性线性思维的生态系统整体性循环思维。由于人类认识世界的能力限制着人类改变世界的能力，所以，当人类认为某种物质没有价值的时候，可能只是受制于科学技术水平或是其他认知水平没能达到更高的阶段，而使这种物质的价值被忽略。可是人类必须面对自然资源的稀缺性以及不可再生性的现实，尽可能做到物尽其用，珍惜自然资源和生态资源，最大限度避免经济社会发展过程中所造成的环境价值损失。因此，在乡村振兴的生态伦理实践中应该确立生态系统整体性循环思维，将自然界视为一个整体，人同自然界其他物质一样，只是自然界的一部分，人类应平等对待自然界中的每一个生命，珍惜自然界中的每一种物质。最终在农业发展和农村建设中构建资源利用与废弃物产出之间的良性合理关系，实现人与自然界各物质间的良性互动，让自然界各物质间实现平等相处、和谐相处，让自然资源在农业发展、农村建设中发挥出最大的价值，全面提升乡村的生态环境质量。

（三）转变乡村生产生活方式，实现绿色发展

农业资源环境问题日益突出，人民群众对优美环境和优质农产品的需求大大增加，应

该积极推动开展乡村生产方式和生活方式绿色化转变的生态伦理实践活动。

生产方式就是物质谋得方式与社会经济活动方式在物质生产过程中的能动统一。同传统的乡村生产方式相比，乡村生产方式绿色化是人们从思想意识到实践行为在社会经济发展与物质生产本原问题上的一种提升。生产方式绿色化转变要求把乡村的社会经济发展放在整个自然生态系统中，承认自然界是工具性和价值性的统一。将社会经济发展看作是自然界整体发展的一部分，其发展的基础是实现人与自然的和谐相处。乡村绿色化生产方式是着眼于农村农业的可持续发展，在充分调动农民主观能动性的基础上，合理利用自然规律，将利用自然与保护自然两者相结合的一种生产方式。其实质是，坚持保护生态环境就是保护生产力、改善生态环境就是发展生产力的观点。

生活方式是指人们生活活动的各种形式和行为模式的总和，它反映的是怎样生活，怎样生活才是好生活的方式、方法。生活方式并不等同于衣、食、住、行、游等日常生活领域，而是包括了劳动生活方式、消费生活方式、闲暇生活方式等全部生活领域，是日常生活和非日常生活（不包括非生活性因素）的统一体。生活方式的绿色化就是把尊重自然、珍惜生命，追求人与自然、社会和谐共生的绿色发展理念融入生活方式中，使人们满足自身生活需要的全部活动形式和行为模式向着勤俭节约、低碳绿色、文明健康的方向转变。

在乡村生活方式绿色化转变领域，应该倡导农民养成以知识、智慧的价值代替物质主义的价值观念。工业文明的消费生活推崇追求物质财富和过度的物质享受，以高消费体现人的社会地位。生态文明时代农民的消费生活价值观应提倡拥有、利用、消费知识和智慧含量高的商品，让农民的消费更加自由、自主且富有个性化。丰富农民的精神生活，引导农民从崇尚物质逐步转向崇尚精神，以丰富的精神生活取代享乐主义和物质主义。这种生活方式崇尚社会、心理、精神、审美的需求，积极参与科学和艺术活动、旅游、娱乐以及一定的社会道德生活和信仰生活。这更符合人的本性，更符合自然本性，是有更高生活质量的新生活，是乡村振兴生态伦理实践的有效路径。

三、乡风文明

"乡风文明"是乡村振兴的保障。要弘扬广袤乡村保留着的优秀传统文化，加强对乡村物质文化和非物质文化的保护，特别是要加大对体现中华优秀传统文化和红色革命文化的关键区域的保护，对民族地区的民俗、民风、民居等特色文化的保护也要重视起来，守护好广大农民的精神家园，防止中国优秀传统文化流失，为乡村振兴提供内在保证和动力源泉。

乡村振兴，既要塑形，也要铸魂。没有乡村文化的高度自信，没有乡村文化的繁荣发展，就难以实现乡村振兴的伟大使命。乡村振兴要物质文明和精神文明一起抓，既要发展产业、壮大经济，更要激活文化、提振精神，繁荣兴盛农村文化。要把乡村文化振兴贯穿于乡村振兴的各领域、全过程，为乡村振兴提供持续的精神动力。要推动乡村文化振兴，加强农村思想道德建设和公共文化建设，以社会主义核心价值观为引领，深入挖掘优秀传统农耕文化蕴含的思想观念、人文精神、道德规范，培育挖掘乡土文化人才，弘扬主旋律和社会正气，培育文明乡风、良好家风、淳朴民风，改善农民精神风貌，提高乡村社会文明程度，焕发乡村文明新气象。

（一）大力倡导健康文化，淳正乡风民风

文化是一个国家、一个民族的灵魂。精神文明建设同样也是乡村振兴的关键。当前，随着乡村经济发展和人民生活水平的日益提高，精神文化的匮乏已经日益凸显，人民需要更加丰富的文化来充实生活，而不能是赌博之风盛行、奢靡攀比之风占据主流。这就需要政府大力引导积极健康向上的文化，积极宣传，加强引导，让健康的文化传播起来，让乡风民风更加淳正，让文化建设也同样能够满足人民群众日益增长的精神需求。

（二）加大力度投资文化建设，完善文化基础设施

人民的思想解放了，对精神文化生活有了更大、更强烈的需求，这就需要政府加大文化基础设施建设的投资力度，进一步整合资源，进一步完善文化基础配套设施，让渴求文化生活的群众得到满足，建设广场、搭建戏台、建立书屋、购置书籍、普及网络，等等，让新建的广场活跃起来，让农家书屋也出现"琅琅读书声"，让闲暇之余的村民能够上网、下棋、看电影。

拓展推广农村文化长廊、党建宣传文化墙等，争取"一村组一广场一长廊，每户一面党建宣传文化墙"，加强农村精神文明建设。在推动实施乡村振兴战略进程中，尤其要注意提高农民对乡村振兴相关政策及其重大意义的认知水平，培养其责任意识、参与意识，吸引更多农民更好地融入乡村振兴的进程。

（三）着力树立乡村文化品牌，弘扬民俗文化精髓

"看得见山，望得见水，记得住乡愁。"乡村文化品牌是乡村振兴最亮丽的名片，乡村文化品牌往往来源于丰富的民俗文化和红色文化。要建立具有鲜明特色的文化品牌，就要立足于当地实际，整合自然、文化、产业资源，将民俗文化与环境特色、人文景观、革命历史等进行有机融合，建设特色小镇、网红民宿、农家旅游、革命文化馆等。立足乡村文明，吸取城市文明及外来文化优秀成果，在保护传承的基础上，创造性转化、创新性发展，不断赋予时代内涵、丰富表现形式，为增强文化自信提供优质载体。

四、治理有效

"治理有效"是乡村振兴的基础。加强乡村治理是推动国家治理体系和治理能力现代化的题中应有之义。首先要推动乡村组织振兴，打造千千万万个坚强的农村基层党组织，培养千千万万名优秀的农村基层干部，提升农村基层党组织的领导力、凝聚力和战斗力，推动乡村自治、法治、德治有机结合，更好地引导、带领群众投身乡村振兴的伟业。

党的力量来自组织，组织能使力量倍增。基层党组织，是实施乡村振兴战略的"主心骨"。农村基层党组织强不强、基层党组织书记行不行，直接关系到乡村振兴的实施效果好不好。要推动乡村组织振兴，打造千千万万个坚强的农村基层党组织，培养千千万万名优秀的农村基层党组织书记，深化村民自治实践，发展农民合作经济组织，建立健全党委领导、政府负责、社会协同、公众参与、法治保障的现代乡村社会治理体制，确保乡村社会充满活力、安定有序。

（一）切实强化农村基层党组织领导核心地位

农村基层党组织是农村各种组织和各项工作的领导核心，无论农村社会结构如何变化，无论各类经济社会组织如何发育成长，农村基层党组织的领导地位不能动摇，战斗堡垒作用不能削弱。坚持和发挥农村基层党组织领导核心作用，既要在思想上不动摇、不含糊，又要在实践中找办法、找路径。切实强化政治功能，提升组织力，牢牢把握中国特色社会主义这个大方向，推动党的路线方针政策在农村落地生根，增强对各种歪风邪气的战斗性。切实提升服务能力，加强基层服务型党组织建设，更好地服务改革、服务发展、服务民生、服务群众、服务党员。切实加强对村级各种组织的统一领导，敢于负责、主动作为，教育引导村级其他组织自觉服从党的领导，支持他们依法依规行使职权，沿着正确方向健康发展；切实在全面覆盖、有效覆盖上下功夫，创新完善农村基层党组织设置，及时跟进农村经济社会新变化，加大在农民合作社、农业企业、农业社会化服务组织等中建立党组织的力度，加大在农民工聚居地建立党组织的力度，切实扩大党的组织和党的工作在农村的覆盖面。

（二）选好、用好、管好农村基层党组织带头人

农村富不富，关键看支部；村子强不强，要看"领头羊"。无数事实表明，一个好的农村基层党组织，往往好就好在有个好的书记；一个差的农村基层党组织，往往差就差在缺个好的书记。随着农民进城务工，大批能人、年轻人走出农村，村党组织书记难选的问题在全国各地凸显。着眼于培养千千万万名优秀的农村基层党组织书记，下大力气解决村

党组织书记"人难选、无人选"的问题，花心思、"下深水"，让村里的致富带头人、外出务工经商人员、复员退伍军人、在外工作的退休干部以及乡村医生、乡村教师和其他乡贤中寻找人才、使用人才，注重选拔优秀学生进乡、村班子，加强村级后备干部力量储备。坚持把党性强、作风好放在首位，决不能抛开政治要求简单地、笼统地选"能人""富人""领头人"。对党组织软弱涣散村和贫困村，要从机关选派优秀干部任"第一书记"。着力抓好教育培训，在加强思想学习的同时，深入开展方针政策、形势任务和法律法规以及群众工作、领导方法等方面的专题培训，提升领导水平和工作能力。

（三）"三治"相结合构建乡村治理机制

乡村治，百姓安，则国家稳。乡村治理在整个国家治理体系中起着至关重要的基础作用，是补齐全面建成小康社会"短板"绕不开的重大课题。可以说，乡村振兴，治理有效是基础。深化村民自治实践，发展农民合作经济组织，建立健全党委领导、政府负责、社会协同、公众参与、法治保障的现代乡村社会治理体制，确保乡村社会充满活力、安定有序。坚持自治为基，加强农村群众性自治组织建设，健全和创新村党组织领导的充满活力的村民自治机制，发挥自治章程、村规民约的积极作用。全面建立健全村务监督委员会，依托村民会议、村民代表会议、村民议事会、村民理事会、村民监事会等，形成民事民议、民事民办、民事民管的多层次基层协商格局。创新基层管理体制机制，整合优化公共服务和行政审批职责，打造"一门式办理""一站式服务"的综合服务平台。坚持法治为本，树立依法治理理念，强化法律在维护农民权益、规范市场运行、农业支持保护、生态环境治理、化解农村社会矛盾等方面的权威地位。坚持从严管理，健全和落实村干部"小微权力清单"、坐班值班、为民服务全程代理、经济责任审计等制度，督促村干部履职尽责、清白干事。

（四）从严加强农村党员队伍建设

农村党员是党的农村工作和基层组织建设的主体，是贯彻落实党在农村各项方针政策的中坚力量，着力解决队伍老化、青黄不接等问题，落实政治审查制度，严格标准、严格培养、严格程序，加大在90后、00后青年农民中培养和发展党员力度，着力把乡村各方面优秀人才吸收进党的组织。总结推广党员评星定级、党员群众教育培训讲习所等做法，增强教育管理针对性、有效性。严肃党内政治生活，严格落实"三会一课"、组织生活会、党性分析、民主评议党员等基本制度，增强政治性、时代性、原则性、战斗性，杜绝随意化、平淡化、庸俗化，真正起到教育改造提高党员的作用。积极运用现代信息技术教育管理党员，下功夫破解流动党员管理难题，提高党员教育管理服务信息化、精准化水平；稳妥慎重地做好处置不合格党员工作，保持农村党员队伍的先进性、纯洁性；加强对农村老党员、老干部、老模范的关心帮助，送去组织的温暖。

（五）加大基层基础保障力度

投入问题不单是钱的问题，也是个政治问题，把钱花在巩固党的执政基础上，是用得其所。着力解决基层工作力量不足、基层组织经费不到位、基层干部报酬待遇不落实、活动场所及服务设施不完善等问题，推动人往基层走、钱往基层投、政策向基层倾斜。建立农村基层党建责任清单，明确党委的主体责任、书记的第一责任、相关部门的直接责任，做到人人有责、人人担责。县级党委要发挥"一线指挥部"作用，抓好组织实施；乡、村党组织要守土有责、守土负责、守土尽责，决不荒掉"责任田"。健全以财政投入为主的稳定的经费保障制度，完善村级组织活动阵地及服务设施，建设好、管理好、使用好，使之成为服务党员群众的主阵地。健全考核评价机制，以述职评议考核为抓手，层层传导压力，倒逼责任落实，推动基层党建责任落地见效。

组织兴，则乡村兴；组织强，则乡村强。只要坚持不断激活和发展好健全组织、建强队伍、开展活动、完善制度和落实保障这五大要素，村级组织就一定能实现振兴目标，为乡村全面振兴提供坚实有力的政治保障。同时，要积极调动农民群众的积极性、主动性，紧跟新时代，唱响主旋律，真正实现乡村邻里和睦、和谐，形成现代乡村社会治理体制，保障乡村社会健康有序发展。

五、生活富裕

生活富裕既是乡村振兴的根本，也是实现全体人民共同富裕的必然要求。要构建长效政策机制，通过发展集体经济、组织农民外出务工经商、增加农民财产性收入等多种途径，不断缩小城乡居民收入差距，让广大农民尽快富裕起来。生活富裕是当前阶段实现共同富裕的基本形式，它与消除贫困、改善民生、不断满足人民日益增长的美好生活需要一起，充分体现了我国处于社会主义初级阶段的基本国情和主要矛盾；共同富裕是乡村生活富裕的目标导向和价值追求，彰显了中国特色社会主义的制度优势和发展优势。

（一）打赢脱贫攻坚战，为实现乡村生活富裕奠定基础

生活在贫困线边缘，当然称不上富裕，富裕的生活首先要摆脱贫困。历史和实践都表明，让贫困地区的农民脱贫既是乡村振兴的"里子"，也是"面子"。发展是甩掉贫困帽子、走向生活富裕的总方式和好路子。当前，要构建长效政策机制，通过发展壮大集体经济、组织农民外出务工经商、增加农民财产性收入、发展新产业新业态、开展多种形式适

度规模经营、鼓励和引导新型农业经营主体延长农业产业链等多种途径，不断缩小城乡居民收入差距，让广大农民尽快富裕起来。特别是要聚焦深度贫困地区和特殊贫困群体，以精准扶贫工作为牵引，构建科学合理、分类指导、因地制宜的精准扶贫机制，着力改善贫困地区发展条件，解决特殊贫困群体实际困难，激发贫困人口发家致富的内生动力，为实现乡村生活富裕打好基础。

（二）加强乡村基础设施及人居环境建设，补齐增收短板

乡村基础设施是乡村经济社会发展和农民生产生活改善的重要物质基础，加强乡村基础设施建设是一项长期而繁重的历史任务。开展乡村基础设施建设，必须顺应农村经济社会发展趋势，坚持规划先行，充分发挥规划的统筹指导作用。充分考虑未来一个时期我国工业化、城镇化和农村劳动力加速转移给村庄布局、居住方式、基础设施布点所带来的变化。既要做到尽力而为，努力把公共服务延伸到农村去，又要坚持量力而行，充分考虑当地财力和群众的承受能力，防止加重农民负担和增加乡村负债搞建设；既要突出建设重点，优先解决农民最急需的生产生活设施，又要始终注意加强农业综合生产能力建设，促进农业稳定发展和农民持续增收，切实防止把新乡村建设变成新村庄建设。建立乡村道路、垃圾和污水处理、卫生厕所以及绿化管护等乡村人居环境治理长效机制。

（三）均衡公共服务资源，提升农民生产生活水平

生活富裕还应包括让农民享受公平、均衡的教育医疗资源。不可否认，近年来，农村的教育医疗状况得到了很大程度改善，农村学校办学条件和师资力量得到了极大提升。东部沿海发达地区不少乡村还初步实现了建设"15分钟健康服务圈"。但总体上看，当前，农村教育医疗水平同农民的生产生活需求以及对美好生活的期待之间，还存在较大差距。这说明，在引导农民追求富裕生活的过程中，要继续大力发展农村义务教育，探索实施健康中国战略和乡村振兴战略，推动城乡教育医疗事业一体化发展，全面提高农民生产生活水平。

（四）加强精神文明建设，提升乡村生活品质

生活富裕不仅仅是"口袋富"，还包括"脑袋富"。进入新时代，农民对生活的要求不只是吃饱穿暖，还在于吃得丰富、安全和健康；不只是住上宽敞明亮的房子，还在于有富足、充实的精神文化生活。因此，在推动乡村振兴过程中，必须正视和回应部分地区农村公共文化式微的客观现实。通过挖掘优秀的民间民俗文化、培养农民文艺骨干、加大农村公共文化设施投入、做实做优"文化下乡"活动等途径，不断做好农村公共文化供给，

丰富充裕农民的精神文化生活，让农民真正体会到生活富裕的真谛和价值。

牢牢抓住就业增收这个农民群众最关心、最直接、最现实的利益问题，以确保国家粮食安全为底线，根据地区资源禀赋条件，因地制宜，融合多个产业、多种要素、多方主体、多维支持，发展高效特色农业产业，挖掘乡村特色产业，重视对其资源的开发和利用，不断扩大周边市场，不断接受周边城市的经济扩散效应，吸引劳动力的流入，从而提高农村生产力水平和农业生产效率，增加农民收入，拓宽实现乡村生活富裕渠道。

乡村振兴的总要求是"产业兴旺、生态宜居、乡风文明、治理有效、生活富裕"，目标是实现农业农村现代化。乡村振兴的内涵包含城乡融合、农业发展等理念。乡村振兴的基础理论体系应由三个方面构成：一是城乡联系相关理论；二是农业发展理论；三是"三农"工作的重要论述。这些理论共同构成乡村振兴的理论支撑体系，为乡村振兴的研究和实践提供了理论依据。

第二节　乡村振兴的理论基础

一、城乡联系相关理论

乡村不是孤立、单独的存在，它作为城市发展的腹地进而与其建立起密不可分的联系，通过资源、人口、技术、观念等诸多要素的交流，形成一定的区域空间。乡村振兴就是城乡差距逐步缩小、实现城乡地域系统均衡有序发展的过程。城乡联系的有关理论较多，为了研究方便，分成如下几种类型来讨论：

（一）城乡发展阶段论

马克思主义政治经济学从城乡关系发展的整个历史过程来解释城乡之间的内在联系。它认为城乡分离是分工的结果，"物质劳动和精神劳动的最大的一次分工，就是城市和乡村的分离，城乡之间的对立是随着野蛮向文明过渡、部落制度向国家过渡、地方局限性向民族过渡开始的，它贯穿着全部文明的历史并一直延续到现在"。"城市本身表明了人口、生产工具、资本、享乐和需求的集中，而在乡村里所看到的却是完全相反的情况：孤立和分散。"分工导致城乡分离，而这种分离又在较长时期内使社会资本向城市集中，进而城乡联系体系中的各种要素（包括经济、政治）向城市的集中是一种社会进步的表现。但他们同时指出，政治权力、经济资源过度地向城市集中，城市对乡村统治的不断加强，最终必然导致城乡之间的对立，每天都不断地产生它们利益之间的对立。由此马克思主义政治经济学认为，这种城乡对立在私有制下无法解决，并把这种城乡问题联系到所有制问题，只有在公有制的条件下才能把农业和工业结合起来，促使城乡之间的对立逐步消失，最终实现城乡一体化。乡村振兴就是站在国家发展全局，推动工业和农业、城市和乡村的融合发展，以统筹规划、体制改革和政策调整为抓手，实现共同富裕。

（二）非均衡增长理论与城市中心论

法国经济学家佩鲁（Peru）的增长极理论、瑞典经济学家缪尔达尔（Myrdal）的累积因果理论等都强调区域经济增长的不平衡规律，同时认为核心与外围之间的联系主要是通过资源要素"自上而下"的流动来发生的，强调了城市的主导作用。以往我国的城乡发展政策往往带有"城市中心论"的烙印，但随着城镇化的推进，农业生产要素非农化、农民社会主体弱化、农村水土环境恶化等问题日益突出，实践证明，以不均衡增长理论为依据制定的政策方针并不能从根本上解决我国"三农"问题。然而，该理论能更好地阐释当前乡村发展存在的问题，以及城乡融合发展格局、过程和演变趋势。

1. 佩鲁增长极理论

佩鲁（Peru）的增长极是从极化空间的概念中引申出来的。这种极化空间包括引力中心和受其影响的有效范围，但这里的中心与有效范围并不是指城市与乡村，而类似于电荷与电场的关系。佩鲁认为，在这种极化空间中存在富有活力的活动单元，"增长极理论与含有活动单元的经济空间理论是一致的，因为活动单元可以创造自己的决策和操作空间，建立具有推进效应的中心，并推动整个经济多维的发展"。这种活动单元，其增长速度高于其他的工业部门且具有很强的带动能力。这种活动单元就是推进型产业，即佩鲁所谓的增长极，受它影响的其他产业为被推进型产业。佩鲁认为，这种推进型产业与被推进型产业建立一种非竞争性的联合体，通过前后向联系带动区域的发展。因此，佩鲁的增长极理论强调发动机（增长极）的选择与产业之间的投入产出链。增长极是通过这种生产的前后向联系，把本身的增长势头传递给其他部门，带动一大批产业的发展。

法国经济学家布代维尔（Budeville）后来把佩鲁的这种思想"改造"成区域的联系模式。他认为极化空间的概念是"考察城市体系的结果"，"极化已经包含了等级制的观点"，"每一个主要城市都拥有由许多卫星城镇组成的空间范围，而每一个卫星城镇又拥有许多卫星村落"。"地区增长极是位于城市的、正扩张的，并诱导受其影响地区经济活动得到进一步发展的产业的组合。"由此可以看出，增长极不仅是推动型产业及其组合体，也是这种产业组合体所在的城市。创新主要集中在城市的某些主导产业中，主导产业所在地也就成了增长极。这样，不同规模的中心城市构成了空间增长极的等级体系。中心城市对其腹地的影响是通过这些规模不等的城镇体系来得到实现的，这些中小城镇也就成了城乡联系的节点。布代维尔把佩鲁的增长极"改造"成核心城市，把增长极与外围的联系"改造"成为不同规模的增长极的等级体系，把增长极理论"发展"成为有关区域的城镇体系理论和区域经济政策的理论。而佩鲁本人对这种"改造"以及增长极理论在区域政策中的应用也未提出反对意见。

2. 累积因果理论

缪尔达尔（Myrdal）在批判新古典主义经济发展理论所采用的传统静态均衡分析方法的基础上，认为市场机制能自发调节资源配置，从而使各地区的经济得到均衡发展的观点，不符合发展中国家的实际。事实上，长期信奉市场机制的发达国家也没有实现地区的均衡发展。因此，缪尔达尔提出，应采用动态非均衡和结构主义分析方法来研究发展中国家的地区发展问题。缪尔达尔认为，市场力的作用一般倾向于增加而非减少地区间的不平衡，使得某些地区发展要快一些，而另一些地区发展则相对较慢，一旦某些地区由于初始优势而超前于别的地区获得发展，那么这种发展优势将保持下去。因此，发展快的地区将发展得更快，发展慢的地区将发展得更慢，这就是循环累积因果原理。这一原理的作用就导致"地理上的二元经济"结构的形成。

缪尔达尔用循环累积因果关系解释了"地理上二元经济"的消除问题，他认为，循环累积因果关系将对地区经济发展产生两种效应：一是回波效应，即劳动力、资金、技术等生产要素受收益差异的影响，由落后地区向发达地区流动，回波效应将导致地区间发展差距的进一步扩大；二是由于回波效应的作用并不是无节制的，地区间发展差距的扩大也是有限度的，当发达地区发展到一定程度后，由于人口稠密、交通拥挤、污染严重、资本过剩、自然资源相对不足等原因，使其生产成本上升，外部经济效益逐渐变小，从而减弱了经济增长的势头。这时，发达地区生产规模的进一步扩大将变得不经济，资本、劳动力、技术就自然而然地向落后地区扩散，缪尔达尔把这一过程称为扩散效应。扩散效应有助于落后地区的发展。同时，缪尔达尔认为，发达地区经济增长的减速会使社会增加对不发达地区产品的需求，从而刺激这些地区经济的发展，进而导致落后地区与发达地区发展差距的缩小。

3. 城乡联系新理论

20世纪80年代以来，对于以大城市为中心的、自上而下的发展政策的批评，首先来自利普顿（Lipton）。他认为不发达国家之所以不发达、穷人之所以穷，并不是因为国内劳动者和资本家的冲突，也不因为外来利益和本国利益的冲突，是因为没有处理好本国的城乡关系。其主要的表现：一是城市与农村之间存在着明显的差别；二是城市集团与农村集团利益上的矛盾与冲突；三是政府以城市为中心的自上而下的发展政策，加剧了这两大社会集团之间的矛盾与冲突。为此，利普顿把这种政府的过分保护政策引起的不公平的城乡关系称为"城市偏向"的城乡关系。他认为，发展中国家城乡关系的实质就在于城市集团利用自己的政治权力，通过"城市偏向"政策使社会的资源不合理地流入自己的利益所在地区，而资源的这种流向很不利于农村的发展。他们认为这种城市偏向不仅使穷人更穷，而且还引起农村地区内部的不平等，农村富农与城市集团串通一气把剩余的食物、储蓄和人力资本提供给了城市。

英国经济学家科布纳基（Corbridge）认为城乡联系不是一种孤立的现象，它很可能是另外一些社会基本结构作用的结果，如阶级关系、政治制度等。他认为城乡关系只是依附于其他社会进程（如城市化）的一种关系。因此，他提出"城市偏向"的症结，在于低廉的实物价格以及其他一系列不利于农村的价格政策，偏向于城市工业的投资战略及由此引起的乡村地区技术的缺乏，农村地区存在的医疗、教育等基础设施的落后。但他也对利普顿的"城市偏向"进行了批评，认为利普顿把依附于其他关系的现象上升到城乡政治对立。他指出，不存在没有内部差别的城市和农村，利普顿忽略了城市穷人和农村富人的存在。同时，他认为利普顿把一些概念，如"农村集团""城市集团"等绝对化，农村社会的上层人士，如果考虑到食物、价格、交通和教育设施方面，他们是"农村集团"的自然领袖；但考虑到农业的生产投入，他们又同时为"城市集团"的成员。再则，他认为利普顿把政治概念过于简单化，利普顿认为城市和农村集团都有明确的政治利益，但实际上在生活中并不存在这种清晰的城乡政治对立。他认为，正因为利普顿没有抓住问题的实质，即没有从社会结构的变化中去把握城乡联系，所以，尽管他做出了对城乡联系的精辟的论述，但却未能对产生这种非均衡的城乡联系的原因做出满意的解释。

美国学者朗迪勒里（Rondinelli）认为，城市的规模等级是决定发展政策成功与否的关键。不同于那些主张以农村为基础、自下而上发展的学者，他认为任何精心设计的农村发展目标，如果与城市割开，完全采取自下而上的发展战略是不切实际的。他强调城乡联系的极端重要性，认为农业剩余产品的市场在城市，大部分的农业投入由城市机构提供，因农业生产率提高而释放出来的农村劳动力需要寻找就业机会，许多社会、医疗、教育等服务设施也都由城市提供。因此，他认为发展中国家政府要获得社会和区域两方面的全面发展，它们的投资在地理上应为分散的。这要求有一个完整、分散的城镇体系，以给整个国家或地区的人们提供进入市场、获得各种服务的机会。朗迪勒里的中心思想是，在相对分散的一些聚居区进行战略性投资，就可以为农村人口提供自下而上发展的基本条件和自治的进程。

与朗迪勒里的观点相反，斯多尔（Stohr）和泰勒（Taylon）认为，自下而上的发展是以各地的自然、人文和制度资源的最大利用为基础，以满足当地居民的基本需求为首要目标的发展，它直接面对贫困问题，应由下面来发起和控制。这种发展一般以农村为中心，规模小，并以适宜技术的采用为基础。斯多尔指出，为使自下而上的发展成功，需要在四个主要领域里保持平衡关系：一是在政治上应给予农村地区更高程度的自主权，使得政治权力自城市向农村的单向流动得到改变；二是要调整全国的价格体系，使之有利于农村的发展和农业产品的生产；三是应鼓励农村的经济活动超过当地需求以便形成更多的出口；四是不仅在城市与农村之间，在农村的村之间也应建设交通、通信网络。

二、农业发展相关理论

实施乡村振兴战略是建设现代化经济体系的重要基础。农业是国民经济的基础，农业经济是现代化经济体系的重要组成部分。乡村振兴，产业兴旺是重点。深化农业供给侧结构性改革，构建现代农业产业体系、生产体系、经营体系，实现第一、二、三产业深度融合发展，都是乡村振兴的战略重点。农业发展的相关理论将对如何有效推动农业从增产导向转向提质导向，增强我国农业创新力和竞争力具有指导意义。

（一）农业经济理论

1. 农业区位论

1826 年，德国经济学家冯·杜能（J. H. von Thunen）著《关于农业和国民经济的孤立国》一书提出了农业区位理论，他从区域地租出发阐明了因地价不同而引起的农业分带现象，着重强调了农产品产地到市场距离这一因素对土地利用类型产生的影响。他把假设的孤立国由近到远划分为六个同心农业圈：自由式农业圈、林业圈、轮作式农业圈、谷草式农业圈、三圃式农业圈、畜牧业圈。

事实上，目前，许多大城市周边的农业生产布局仍可以找到"农业圈"的影子，如近郊的蔬菜、奶蛋等鲜活农产品，远郊的粮食、畜牧、林业等。在进行农业发展研究时，首先要分析农业发展的区位条件，在经典区位论的指导下，可以综合、全面地分析农业发展的自然、地理、经济、交通、空间、文化、社会等区位条件，因地制宜推进乡村发展。

2. 农业区域分工理论

区域分工一方面表现为生产力"超优分布"规律作用下的地区生产专业化，即各地区专门生产某种产品或某一类产品，甚至是产品的某一部分；另一方面，区域分工通过区际交换来实现专业化部门生产的产品价值，满足自身对本区不生产产品的需求，从而扩大区域生产能力，增进区域利益。现代经济社会的发展，劳动分工越来越细，参与分工的地域受时间距离的缩短而越来越广，如何在激烈的市场竞争中占有一席之地，专业化、更加细致和科学的分工是社会经济活动发展的必然趋势。

农业区域分工是现代农业发展的重要内容，以各地资源禀赋和独特的历史文化为基础，有序开发优势特色资源，做大、做强优势特色产业，都是基于充分的自我条件分析和长远的市场预测和定位，"一乡一业、一村一品"是现代农业区域分工的必然趋势，对现代农业的发展有着较强的理论和实践意义。

3. 农业产业结构理论

农业产业结构主要包括两方面内容：一是农业内部各产业经济活动之间的相互联系和比例关系；二是农业与其他涉农产业的相互联系和比例关系。传统农业向现代农业转变的主要标志之一在于农业产业结构的调整和升级。

农业产业结构受农产品需求结构、农业科技创新、农产品贸易、农业区域政策等因素的影响。随着国民生活水平的提高，人们的食品需求和消费结构发生变化，表现为种植业比例的下降，畜牧业和渔业的比重上升，粮食作物的比例下降，经济作物、水果蔬菜等比例上升，农业提供农产品的单一需求转变为休闲、教育、社会、生态等多种需求；随着工商业和服务业的发展，农业必须提高加工水平，加大农产品的附加值，才能适应工商业和服务的需要；耕作与栽培技术、农业机械化水平、化工和材料技术进步、农业信息化和物流业的发展，也对农产品结构的演变产生革命性的影响。

(二) 农业发展理论

1. 农业发展阶段理论

农业发展阶段的研究，以美国学者舒尔茨（Theodore W. Schults）、约翰·梅勒（John W. Mellor）和韦茨（Raanan Weitz）为代表。舒尔茨（Schults）认为，发展中国家的经济成长，有赖于农业的迅速稳定增长，而传统农业不具备迅速稳定增长的能力，出路在于把传统农业改造为现代农业，即实现农业现代化。约翰·梅勒于 1966 年提出"梅勒农业发展阶段论"，该理论把农业发展划分为三个阶段：传统农业阶段、低资本技术农业阶段、高资本技术农业阶段。1971 年，韦茨根据美国农业发展的历程，提出"韦茨农业发展阶段论"，把农业发展划分为三个阶段：持续生存农业阶段、混合农业阶段和现代化商品农业阶段。

对农业发展阶段进行研究，不仅可以使我们更准确地认识农业发展的现状，更重要的是能了解不同发展阶段农业部门所具备的特征，使我们更清楚地认识农业在整个国民经济发展中的地位，以及农业与其他产业部门的互动关系，从而为确立适当的经济发展战略和农业发展政策提供理论依据。

2. 农业多功能性理论

农业多功能性研究源于日本稻米文化，为了保护和传承"稻米文化"，日本于20世纪80年代末提出农业多功能性问题。农业多功能化是指农业功能多样化，就是在农业为社会提供粮食和原料基本职能的基础上，不断拓展出文化、环境、社会等延伸功能，即农业不仅具有基本的经济、保障功能，而且还具有生态保护、观光休闲、文化传承等多重目标和功能。

多功能性是现代农业重要的基本特征之一，因此，乡村是具有自然、社会、经济特征的地域综合体，兼具生产、生活、生态、文化等多重功能。农业发展的目标不是单一而是多重的，认清现代农业的这一特征，为我们进行传统农业的改造拓宽了视野，开阔了思路，形成了生态农业、都市农业、休闲农业、循环农业等多元化的现代农业发展模式。

3. 改造传统农业理论

1964年，美国经济学家舒尔茨（Schults）在其《改造传统农业》一书中从三个方面分析了改造传统农业的问题，他将农业划分为三类：传统农业、现代农业和过渡农业。现代农业最根本的特征是不断将科学技术的最新成果应用于农业之中，不断改进其生产要素的配置，机械替代手工劳动，生物技术的应用，化肥、农药的使用，从而大大提高产量，使生产效率不断提高。

改造传统农业必须从以下几个方面着手：对传统农业进行投资；新的农业生产要素要有合理的构成，并能不断提高质量；生产要素的价格要合理；必须加强农业科学研究；要建立多方面的社会性服务机构；要改革农业管理制度；要对人力资本进行投资；农业部门必须对农业大力支持等。

（三）农业生态理论

1. 生态适宜性理论

生态适宜性是指某一特定生态环境对某一特定生物群落所提供的生存空间的大小及对其正向演替的适宜程度。任何生物的生长和发育都要受到生态环境条件的制约和限制，并只能生活在一定的环境梯度范围。对于生物群落和自然生态系统而言，主要是指其对自然环境的适应性，包括气候适宜性、土壤适宜性和水分适宜性等。但对于一些半人工或人工生态系统而言，还应考虑其经济适宜性、技术适宜性和社会文化适宜性等。生态适宜性是进行现代农业布局时的一个基本原则，"因地制宜、因时制宜"是其最好的体现。每个区域都有最适宜的特色乡土产品，这种适宜性是在综合条件的长期作用下形成的，大部分是无法替代或效仿的。因此，在进行农业生产力布局时，一定要充分考虑本地的生态适宜性，是否具有适合的生存空间和发展条件，否则会本末倒置。

2. 环境承载力理论

环境承载力是在一定时期、一定状态或条件下，一定的区域范围内，在维持区域环境系统结构不发生质的变化、环境功能不遭受破坏的前提下，区域环境系统所能承受的人类各种社会经济活动的能力，或者说是区域环境对人类社会发展的支持或支撑能力。在一定的条件限制下，环境承载力是有限的，具有相对稳定性，随着时间的推移和环境条件的改变，环境承载力也会发生改变，具有调控性的特点。

环境承载力是现代农业发展的重要生态指标，对农业过度开发具有较强的约束力，自然资源和环境承载力的有限性决定了任何事物发展都具有一定的适度规模，这也是在制定现代农业发展目标中要考虑的问题。环境承载力理论为现代农业规划和社会经济发展提供了确定适宜社会经济发展规模的依据，在一定程度上可以保证规划的客观性和合理性，从而使资源环境与社会经济发展达到一个协调发展的状态。

3. 循环农业理论

"循环农业"一词来源于"循环经济"，理论渊源是美国经济学家波尔丁（Kenneth E. Boulding）提出的"宇宙飞船"理论。循环经济的基本原则是"3R"原则，即减量化（Reduce）、再利用（Reuse）和再循环（Recycle）。循环农业是循环经济在农业中的应用，循环农业在农业资源投入、生产、产品消费、废弃物处理的全过程中，把传统的依赖农业资源消耗的线性增长经济体系，转换为依靠农业资源循环发展的经济体系，倡导的是一种与资源、环境和谐的经济发展模式，其理论基础是农业生态学和农业经济学。循环农业与生态农业、立体农业、复合农业有相似之处，其思路和方法值得重视和应用。循环农业强调节约资源、减少污染、节能减排、内涵式发展，提倡提高资源利用率，延伸产业链，提高农业生产效率。资源的有限性、生态环境的脆弱性、经济增长的局限性，使得在外延发展的同时，应更加重视内涵，在追求经济总量的同时，将质量和效率不断提升，改造传统农业粗放式的发展模式，提高水、光、土地、化肥等利用率，减少农业污染排放，促进农业各子系统的循环与高效利用。

第三节　乡村振兴的现实基础

中国特色社会主义进入了新时代，意味着已经有能力构建工农互促、城乡互补、全面融合、共同繁荣的新型工农城乡关系，意味着乡村振兴成为解决城乡发展不平衡、不充分主要矛盾的着力点。社会主义的制度优势，党的坚强领导，亿万农民的创造精神，强大的经济实力支撑，都成为实施乡村振兴战略稳固的现实基础。

一、社会主义制度的优越性

（一）党的领导

任何制度都需要组织，而组织是否紧密完备，则决定了制度能否稳固和是否有效率。中华人民共和国成立后，即以中国共产党在革命时期所形成的严密组织，建立起了党领导和坚持人民当家做主的全国性政权。改革开放以来，全国各族人民在党的坚强领导下，充分发挥积极性和主动性，心往一处想，劲往一处使，形成一股万众一心、无坚不摧的磅礴力量，以非凡的智慧和创造力，使改革开放和社会主义现代化建设取得了辉煌成就。中国共产党的领导，是历史的选择、人民的选择。在革命、建设、改革的伟大征程中，中国共产党坚定捍卫国家民族利益，克服重重阻碍，团结带领人民迎来了从站起来、富起来到强起来的伟大飞跃。实践充分证明：党的领导是改革开放取得成功的根本保障，党对改革开放和现代化建设的领导作用是任何其他组织和团体都不能代替的。中国共产党具有统揽全局的能力，能够坚持实事求是的思想路线，善于区分和处理不同性质的矛盾，及时调整各方面的利益关系，可以有力地把全国各民族、各阶层的人民团结起来；我们党还善于革新进取、总结历史的经验教训，能够紧紧把握社会发展的总趋势，将积累的治党治国经验转化成实际效能，将各项事业不断推向前进。

曾断言历史终结的美国学者福山（Fukuyama）在新著《政治秩序的起源》中也承认，没有放之世界皆准的政治制度。成功的政治体系需要三要素：国家建构（或国家能力）、法治和民主。

国家能力指国防、征税、政府机构架构、维持社会秩序、提供公共服务能力。一个成功的政治模式就是国家能力、法治和民主三者之间的平衡。由中国共产党组织起来的政治制度最大的优点就是国家能力强、能保证统一领导、执行力强、对危机处理敏锐快捷。如对国内灾害的救助，在海外的尼泊尔、利比亚撤侨行动等，这些以人民为中心的重大行动在西方国家是根本做不到的。我国对经济、社会等重大政策的贯彻执行，同样雷厉风行，这在国外也是办不到的。党的领导正是中国特色社会主义制度优势的集中体现，是中国特色社会主义最本质的特征。

乡村振兴是一项庞大的系统工程，是党在新时代带领人民进行的一项新的伟大革命。唯有党的领导能凝心聚力，始终保证乡村振兴的正确方向和顺利推进。

（二）中国特色社会主义经济制度的优越性

列宁（Lenin）说过，社会主义就是要创造比资本主义更高的劳动生产率。中华人民共和国成立后，依靠社会主义制度，在十余年时间里，就推动了生产力的大发展，基本实现工业化，为后来的发展进步奠定了稳固的物质基础。改革开放以来，由于改变高度集中的计划经济体制，逐步建立和完善社会主义市场经济体制，使经济发展跃居到世界前列，日益显示出中国特色社会主义经济制度的优势和特点。

1. 坚持公有制经济的主体地位，将市场和政府的作用有效结合

政府和市场的关系是我国经济体制改革的核心问题。市场配置资源是最有效率的形式，市场经济本质上是市场决定资源配置的经济。同时，我国实行的是社会主义市场经济体制，仍要坚持发挥我国社会主义制度的优越性，发挥党和政府的积极作用。市场虽在资源配置中起决定性作用，但并不是起全部作用。在我国的市场经济体制中，与公有制占主体地位的经济关系相适应，政府的作用主要是发挥科学宏观调控、有效政府治理、保持宏观经济稳定、加强和优化公共服务、保障公平竞争、加强市场监管、维护市场秩序、推动可持续发展、促进共同富裕、弥补市场不足等。这种市场与政府，"看不见的手"和"看得见的手"两方面兼顾并举的市场经济制度，呈现了巨大的优越性。我国的社会主义市场经济体制更有效地促进了经济发展，使我们在短时间内就迈过了西方上百年痛苦而漫长的工业化和现代化历程。

2. 我国经济制度能做到鼓励发展和兼顾公平

一种社会制度是否优越，体现在是否保持经济发展的持续性和兼顾财富分享的广泛性上。中国制度的优势在于，由一个执政党全面考虑并权衡以上两个方面，在鼓励创新并推动私营部门发展的同时，兼顾财富的分享。哈佛大学经济系教授理查德·库珀（Chad Cooper）曾担任美国前总统卡特的副国务卿，并参与中美建交前的筹备工作。他指出，中国中产阶层群体扩大，城市交通及城际交通有了极大的改善，特别称中国的高铁和高速公路系统是"非凡的"。中国进行着人类历史上最大的减贫计划，自 1980 年以来有 7 亿人口脱离贫困，"这是一项了不起的成就"。中国科技创新能力强。科技是第一生产力，谁能占领科技优势，谁就能在制度竞争中显示优越性。俄罗斯战略研究所网站发表该所经济研究中心国际经济组织研究室主任维亚切斯拉夫·霍洛德科夫（Vyacheslav Holodkov）的文章称，美国无法抑制中国的发展，中国早已度过模仿外国技术的阶段，成为技术领域的主要大国。中国已经连续五年占据世界知识产权组织国际专利申请排行榜的首位。

据世界知识产权组织的统计，全球国际专利申请量排名前 100 位的公司中有 19 家来

自中国，前 20 位中有 4 家来自中国。中国科学家和工程师在信息通信技术、航天、高速铁路、绿色能源、化学、生物、医学、新材料、人工智能和其他领域取得了杰出的科研成果。据世界银行统计，中国已经连续 12 年占据世界高科技产品出口的头把交椅。高铁、网购、支付宝和共享单车，这些被外国留学生票选出来的"中国新四大发明"，不仅让世界见证了中国因科技领域改革红利逐步释放所产生的惊人变化，也让中国在新一轮技术革命中重返世界舞台的中心。

3. 我国经济建设以实现最广大人民的根本利益为根本目标

我国政府要随时随地倾听人民呼声，回应人民期待，保证人民平等参与、平等发展权利，维护社会公平正义，在学有所教、劳有所得、病有所医、老有所养、住有所居上持续取得新进展，不断实现好、维护好、发展好最广大人民根本利益，使发展成果更多、更公平地惠及全体人民，在经济社会不断发展基础上，朝共同富裕方向稳步前进。事实也是如此，随着社会保障事业发展，医疗卫生服务水平不断提高，老年人退休保障覆盖范围不断扩大。

乡村振兴是一项全新的、伟大的战略，是我国建设现代化强国的重要内容，中国特色社会主义制度显示出的优越性和吸引力，为实现农业强、农民富、农村美提供良好发展环境。

（三）农村基本经营制度日趋完善

国家工业化、城镇化的推进，农村分工分业的发展，必然引起农村劳动力和农业人口的流动。在这个过程中，人们看到，农民承包的土地，正在发生从谁承包、谁经营的初始状态，逐步向多样化的经营形式转变，这是历史发展、进步的必然趋势。

农村集体土地实行家庭承包经营，最初目的是解决农业实行集体统一经营中的平均主义问题。但户户承包土地、家家经营农业的局面并没有维持多久，因为外有工业化、城镇化的拉动，内有分工分业的推动，再加上农业实行家庭经营后，农户既有了积累自有资金的可能，又有了自主支配劳动力和劳动时间的权利，因此，就开始出现部分农业劳动力离开承包土地，甚至离开农业农村的现象。为了促进闲置土地"流转"过程中不损害农村土地的集体所有制，维护农村基本经营制度的稳定，中央认为，促进土地承包经营权流转的前提，是稳定农村土地承包关系。一方面，进入"流转"的农户承包土地经营权面积在不断扩大；另一方面，对于"流转"的土地只是农户承包土地的经营权，而"流转"之后，农村土地的承包权在承包期内仍将保持稳定，这已成为越来越多人的共识。

二、乡村振兴的物质基础

经过改革开放以来的持续快速发展，我国经济实力跃上了新台阶，工业化、城镇化水平也有很大提高。2022 年国内生产总值 1 210 207 亿元，比上年增长 3.0%。其中，第一产业增加值 88 345 亿元，比上年增长 4.1%；第二产业增加值 483 164 亿元，增长 3.8%；第三产业增加值 638 698 亿元，增长 2.3%。第一产业增加值占国内生产总值比重为 7.3%，第二产业增加值比重为 39.9%，第三产业增加值比重为 52.8%。全年最终消费支出拉动国内生产总值增长 1.0 个百分点，资本形成总额拉动国内生产总值增长 1.5 个百分点，货物和服务净出口拉动国内生产总值增长 0.5 个百分点。对乡村振兴的财力支撑能力大大提高，已经具备了支持农业农村发展的基础条件。

（一）产业发展

从产业结构来看，我国三大产业结构逐步优化，呈现出"三二一"的态势。第一产业所占比重从 1978 年的 28.2% 下降至 2022 年的 7.3%，与之相对应的是，第二产业和第三产业的增加值已经分别占到 GDP 总量的 39.9% 和 52.8%。一方面，我国已经建立起了较为完整的工业生态体系，工业结构得到进一步优化，可以为农业生产、农村发展提供更好、更广和更坚实的支持；另一方面，这些产业的转型升级也促进了需求结构的调整，进一步激发了居民对农村生态产品、优质农产品、农村文化产品等功能性产品的需求，提供了农业农村进一步发展的新兴产业机遇。

（二）城乡关系

从人口的城乡结构看，2022 年，我国的常住人口城镇化率达到了 65.22%，城镇化水平不但越过一半，而且在进一步提高。从就业结构来看，农村劳动力转移进程仍在继续，城镇人口和在二、三产业就业的人口逐步成为"多数"和"大头"，这不仅在微观上更有能力支持农业和乡村这个"少数"，而且使乡村相对城市反而成为"价值洼地"，在更多层面和领域充满了机遇，对人才、资金、技术等生产要素的吸引力也在不断加大。

（三）现实范本

实施乡村振兴战略实际上是党"三农"工作一系列方针政策的最新继承和发展。从实践看，一方面，改革开放以来，我国农村基本面貌有了很大改善；另一方面，我国各地区在"三农"工作中创造性地摸索和取得的成功，对下一步实施好乡村振兴战略提供了很好的借鉴和参考。

党的二十大报告提出"全面推进乡村振兴，坚持农业农村优先发展，巩固拓展脱贫攻坚成果，加快建设农业强国，扎实推动乡村产业、人才、文化、生态、组织振兴，全方位夯实粮食安全根基，牢牢守住 18 亿亩耕地红线，确保中国人的饭碗牢牢端在自己手中"。

对"三农"工作指明了新方向、提出了新要求，广大"三农"工作者深受鼓舞、充满斗志，纷纷表示，要带头学习宣传贯彻党的二十大精神，切实用于指导"三农"工作实践、全面推进乡村振兴。

党的二十大报告主题鲜明，直指人心、催人奋进，为"三农"发展描绘了更加灿烂的前景，为进一步做好"三农"工作指明了方向。作为"三农"工作者，要深入理解、认真贯彻党的二十大精神，以时不我待、只争朝夕的劲头，奋力开创"三农"工作新局面。

古人讲，"务农重本，国之大纲"。在建设社会主义新农村的这些年里，随着把"三农"问题作为全党工作重中之重，全社会对"三农"问题的认识也发生了重大改观，凝聚了全党全社会对中国农业农村发展的共识，形成了重视"三农"、参与"三农"、建设"三农"的良好社会氛围。国家对农业农村进行了人力、物力和财力资源的持续投入，随着国力的增长，力度也在不断加强，真正做到了跳出"三农"、谋划"三农"、支持"三农"。通过大力投入，农村的基础设施条件在进一步改善，城乡之间的制度藩篱在不断打破，"工业反哺农业，城市支持农村"的体制机制逐步建立，农村的公共服务、社会保障制度进一步得到完善，农民收入不断提高。这为今天乡村振兴战略的实施打下了坚实的思想、物质和制度基础，创造了良好的社会条件和氛围。

要正确处理好保护历史文化与村庄建设的关系，处理好发展产业与保护生态的关系。对有价值的古村落、古民居和山水风光进行保护、整治和科学开发利用，使传统文明与现代文明交织融合。通过落实"绿水青山就是金山银山"的指导思想，在保护生态中发展产业，浙江省陆续设立农业产业化扶持资金，财政预算内农业投入资金翻倍增长，建立驻村特派员和指导员制度等，帮助村庄实现自我造血、持续发展，达到保护环境生态与促进经济发展提高农民收入的双赢局面。

江西余江的宅基地制度改革对欠发达地区典型农业县有很好的示范作用。余江是江西传统的农业县，其成功的经验在于把握住了农村工作的规律和特点，从群众中来，到群众中去，坚定不移地走群众路线。改革前，余江"一户多宅"现象普遍存在，农村的"空心化"趋势明显，闲置住宅造成很大浪费。与这些现象并存的是新增农户的宅基地取得困难，违法违规建房屡禁不止，宅基地管理缺位严重，村民自治主体作用发挥不充分，农民想改但改不动，村庄建设布局、道路设施、环境卫生等情况严重恶化。在这种局面下，由于宅基地制度改革涉及千家万户，既很敏感，也很棘手，当地根据农村实际采取"国家定政策、县里出办法、村里议规则"的措施，主要从五个方面进行试点：一是开展入户调查，彻底摸清试点地区的宅基地利用和管理现状，编制完善试点地区村级土地利用规划，严格建房管理；二是对一户一宅的"户"和一户应当享有的法定面积进行界定，并采取了"有偿、无偿退出和有偿使用"的多种方式，特别针对面积超标的、非本集体经济组织成员的、初次取得宅基地需要择位竞价的情况等均采用有偿使用的办法，体现了集体经济组织的宅基地所有者权益；三是将宅基地流转严格限定在本集体经济组织成员内部，并将转让后的流转收益分为房屋收益和宅基地收益，在集体经济组织和原宅基地使用者之间合理分配；四是成立村民事务理事会作为组织主体，将村民之间的宅基地取得、退出、补偿、拆除等具体问题交由村民事务理事会自行讨论解决办法，明确了村民事务理事会为实施主体、村委会为责任主体、乡镇政府为指导协助主体的角色定位；五是将宅基地制度改革与美丽乡村建设紧密结合。宅基地制度改革一旦取得突破，乡村环境就将得到大幅改善，绿化、美化、亮化、硬化被提到日程上来，促进农业发展现代化、基础设施标准化、公共服务均等化、农村治理规范化。

此外，在推动地方第一、二、三产业融合、农业社会化服务体系覆盖、开展脱贫攻坚工作、基层党组织建设等方面，各地都涌现出了很多行之有效的办法和措施。比如，中央统筹省负总责市县抓落实的工作机制，是经脱贫攻坚实践证明行之有效的做法，实施乡村振兴战略也可以继续实行这样的工作机制，不断总结经验进行推广。再比如，向贫困村选派第一书记、派驻扶贫工作队等加强人才支持的做法，对软弱涣散村、集体经济薄弱村等乡村振兴也是适用的。

总之，实施乡村振兴战略既有基础又有条件，要按照党中央的决策部署，顺势而为，主动作为，不失时机地向前推进，推动农业全面升级、农村全面进步、农民全面发展，努力谱写新时代乡村全面振兴新篇章。

三、农业农村发展取得的巨大成就

改革开放以来，我国农业农村发生了翻天覆地的变化。特别是党的二十大以来，在国际政治经济风云变幻、国内经济下行压力加大的情况下，党中央加强集中统一领导，保持战略定力，农业农村发展取得了巨大成就，发生了重要变革，为稳住经济社会大局发挥了"压舱石"和"稳压器"作用，为党和国家工作全局赢得了战略主动。

（一）粮食生产能力不断提升

2022 年，全年全国粮食总产量 68 653 万吨，比上年增加 368 万吨，增长 0.5%。其中，夏粮产量 14 740 万吨，增长 1.0%；早稻产量 2812 万吨，增长 0.4%；秋粮产量 51 100 万吨，增长 0.4%。

近年来，由于我国玉米、水稻等重要农产品生产成本快速攀升，国内价格大幅高于国际市场，玉米及其替代品、大米、大豆等产品进口快速增加，形成了"洋货入市、国货入库"的局面，出现了粮食产量、进口、库存三量齐增的非正常现象。与此同时，财政压力也陡然加大。针对这种情况，我国启动了农业供给侧结构性改革。目前来看，这一改革已见成效。各地坚持以市场需求为导向，着力调整优化农业结构，大豆种植面积增加 183 万公顷。全年猪牛羊禽肉产量 9227 万吨，比上年增长 3.8%。其中，猪肉产量 5541 万吨，增长 4.6%。禽蛋产量 3456 万吨，增长 1.4%。年末生猪存栏 45 256 万头，比上年末增长 0.7%；全年生猪出栏 69 995 万头，比上年增长 4.3%。

（二）农民收入水平不断提高

全国居民人均收入增长加快，农村居民人均收入增长快于城镇居民。2017 年，农村居民人均纯收入为 13432 元，到 2022 年，农村居民人均可支配收入达到 20 133 元。在各项促进农民增收举措的综合作用下，城乡居民的收入差距进一步收窄，这为我国进一步建立城乡融合的体制机制奠定了较为充分的收入分配基础。

从农民工的变化情况来看，也反映出农村对农民工的推力开始减弱、拉力作用逐步显现。从 2006 年开始，随着新农村建设被提上议事日程，各级政府财政对农业农村投入大幅增加，农业生产基础设施、农民生活条件都得到了较快改善，而互联网、高速公路铁路、智能手机的普及又加速了这一进程。根据国家统计局抽样调查结果，2022 年，全国农民工总量 29 562 万人，比上年增加 311 万人，增长 1.1%。其中，本地农民工 12 372 万人，比上年增加 293 万人，增长 2.4%；外出农民工 17 190 万人，比上年增加 18 万人，增长 0.1%。年末在城镇居住的进城农民工 13 256 万人。这些数据反映出，新农村建设初见成效，农村生产生活条件有所改善，全国区域平衡协调发展能力进一步加强，区域性大的产业就业差别有减弱的趋势，农民工更倾向于在本地附近就业。

（三）农村公共服务水平日趋完善

不断改善农村民生是农业农村工作的重要领域之一，也是我们党赢得农民支持拥护的基石。农村改革以来，农民生活水平不断提高，但新的发展需求也在不断出现。这就要求我们着力强化强农、惠农、富农政策，着力提升农村民生保障能力，着力办一些顺民意、惠民生的好事实事，为农民群众带来实实在在的利益和实惠，使发展成果更多、更好、更公平地惠及农民群众。目前，已经基本实现了从"农民的事情农民办"到公共财政全面覆盖农村的根本转变，这是历史性的转折。

截至 2022 年 6 月底，全国路长总人数 64.1 万，"路长制"覆盖率达 95.2%。农村公路总里程已达 446.6 万公里。交通运输部公路局副局长表示，"四好农村路"，就是把农村公路建好、管好、护好、运营好。这是一项重要民生工程、民心工程、德政工程。该工程的实施，不仅能给农村地区特别是贫困地区带动经济发展，更能够促进城乡公平普惠，服务乡村振兴，实现共同富裕。

随着全国统一的医保信息平台上线，各省加大数据治理比对，2022 年参保人数主要由于清理重复参保等原因比上年同期减少 1727 万人，同比下降 1.3%，参保覆盖面稳定在 95% 以上，参保质量持续提升。其中，参加职工基本医疗保险人数 36 242 万人，比 2021 年底增加 811 万人，同比增长 2.3%。在参加职工基本医疗保险人数中，在职职工 26 607 万人，比 2021 年底增加 500 万人；退休职工 9636 万人，比 2021 年底增加 312 万人。参加城乡居民基本医疗保险人数 98 328 万人，比 2021 年底减少 2538 万人，同比下降 2.5%。

2022 年，基本医疗保险基金（含生育保险）总收入、总支出分别为 30 697.72 亿元、24 431.72 亿元，年末基金累计结存 42 540.73 亿元。

职工基本医疗保险基金（含生育保险）收入 20 637.18 亿元，同比增长 8.6%，其中，征缴收入 19 494.57 亿元。基金支出 15 158.30 亿元，同比增长 2.8%。职工基本医疗保险基金（含生育保险）年末累计结存 35 003.83 亿元，其中统筹基金累计结存 21 470.04 亿元，个人账户累计结存 13 533.79 亿元。

城乡居民基本医疗保险基金收入 10 060.55 亿元，同比增长 3.5%；支出 9 273.42 亿元，同比增长 0.2%；年末累计结存 7 536.90 亿元。截至 2022 年底，生育保险参保人数 24 608 万人，比 2021 年底增加 856 万人，同比增长 3.6%。生育保险基金待遇支出 891.82 亿元，同比增长 4.7%。

2022 年，原承担医保脱贫攻坚任务的 25 个省份共资助 8899.1 万人参加基本医疗保险，支出 180.2 亿元，人均资助 202.6 元，农村低收入人口和脱贫人口参保率稳定在 99% 以上。基本医疗保险、大病保险、医疗救助三重制度累计惠及农村低收入人口就医 14 481.7 万人次，减轻医疗费用负担 1487 亿元。

（四）脱贫攻坚成效显著

2022 年是巩固拓展脱贫攻坚成果同乡村振兴有效衔接的深化之年。各地区各部门全面落实党中央、国务院决策部署，扎实推进巩固拓展脱贫攻坚成果同乡村振兴有效衔接工作。经过各方面共同努力，脱贫攻坚成果得到进一步巩固拓展，守住了不发生规模性返贫的底线，乡村发展、乡村建设、乡村治理取得新进展、新成效。

概括起来，主要有三大标志性成果：一是防止返贫监测帮扶机制有效发挥作用，做到了早发现、早干预、早帮扶，没有发生规模性返贫现象。2022 年，累计识别纳入监测对象中，65.3% 的监测对象已消除返贫风险，其余均落实了帮扶措施；"三保障"、饮水安全和兜底保障水平持续巩固提升。二是脱贫劳动力就业形势保持稳定。2022 年，务工就业规模达到 3277.9 万人，比 2021 年底增加 132.9 万人，超过年度目标任务 258.7 万人。三是脱贫地区和脱贫人口收入较快增长。2022 年，脱贫县农民人均可支配收入、脱贫人口人均纯收入增速均高于全国农民平均水平；脱贫人口人均纯收入达到 14 342 元人民币，同比增长 14.3%，低收入脱贫人口人均纯收入增速明显加快。

（五）农村党建工作进一步加强

基层服务型党组织建设得到加强，"两覆盖"明显扩大，党组织的领导核心作用得到强化。民主化、网络化、网格化、精细化管理普遍推行，农村社会服务管理模式不断创新，社会化程度不断提高。民主渠道进一步畅通，基层协商制度化、规范化和程序化水平明显提高。村务监督委员会普遍建立，基层党风廉政建设形成新气象。社会治安防控、食品药品安全、安全生产、防灾减灾、环境保护与治理等方面的体制机制得到创新完善，平安建设深入推进，农村社会保持安定有序。文明村镇创建和诚信制度建设大力推进，乡规民约等行为准则焕发出新的活力，乡风、村风、家风建设得到加强，农村和谐水平进一步提高。

第二章　乡村振兴背景下乡村农业与文化发展

第一节　乡村生态农业发展

一、乡村生态农业发展组织

（一）家庭农场建设

家庭农场是指以家庭成员为主要劳动力，从事农业规模化、集约化、商品化生产经营，并以农业收入为家庭主要收入来源的新型农业经营主体。2013 年，"家庭农场"的概念首次在中共中央一号文件中出现，鼓励和支持承包土地向专业大户、家庭农场、农民合作社流转。2013 年，中共中央一号文件提出，坚持依法自愿有偿的原则，引导农村土地承包经营权有序流转，鼓励和支持承包土地向专业大户、家庭农场、农民合作社流转，发展多种形式的适度规模经营。因此，家庭农场将成为我国生态农业建设的主体。

（二）生态农业工厂

1. 生态农业工厂的特征

工厂化农业是综合运用现代新技术、新设备和管理方法而发展起来的全面机械化、自动化的技术密集型农业，在人工控制环境条件下连续作业。例如，工厂的厂房是用塑料薄膜或有机玻璃覆盖，通过计算机控制，可以根据作物生长发育的需要调节阳光、温度、水分和空气。

生态农业工厂主要是利用成套设施或综合技术，使种养业生产在充分利用自然环境条件的基础上，实现周年性、全天候、反季节的企业化规模生产。

2. 生态农业工厂的发展

（1）工厂化农业的发展要走区域化的道路

我国幅员辽阔，气候类型多样，地域条件千差万别（包括气候条件、土壤条件等），经济、技术、市场等条件又各不相同，因此，必须重视区域特点，因地制宜，考虑当地的地域条件，文化、经济发展水平，综合的科技力量和市场前景等几个方面因素，发展适合本地的先进性与实用性相结合的工厂化农业。

（2）建立工厂化农业现代管理制度和有效的运行机制

各级政府要在新农村建设中加大对工厂化农业的支持力度。全面了解国内外工厂化农业发展的历程、阶段性特征与关键条件，制定出具有前瞻性的工厂化农业发展战略和结构规划，制定出具有可操作性的产业政策，推动企业的管理体制创新。

（3）加强引进温室的管理和技术工作

工厂化农业是一个涵盖多学科的综合系统，就现代温室工程而言，包括硬件和软件两个方面。经营管理创新和关键技术创新是工厂化农业的两大战略重点。技术创新解决硬件基础问题，经营管理创新解决软件基础问题，二者不可偏废。

（4）加强标准化工作

产品标准的制定是一个产业健康发展的基础，也是对产品进行科学评价与监督的依据。其他国家的标准都无法被我国温室设计直接采用，因此，应立即开始制定适于我国农业用温室的标准，努力做到标准化，安装、验收的标准化，零配件的标准化，产品生产的标准化，这样才能节约成本，保证质量，规范市场，提高温室及其产品在市场中的竞争力，从而提高我国温室的整体质量和配套水平。

（5）注意培育发展温室相关产业

工厂化农业涵盖了建筑、材料、机械、环境、自动控制、品种、栽培、管理等领域。因此，要集中社会各方力量，大力发展与温室相关的材料、设备、种子、基质、营养液、计算机控制等的研制和开发，只有提高与工厂化农业相关的各学科水平，提高相关产业的技术水平，才谈得上工厂化农业的可持续发展，整个产业才能向更高水平发展。

（6）建立工厂化农业技术创新体系

加大科研攻关的力度，切实解决工厂化农业生产中的关键技术难题，在专用品种、栽培制度、栽培技术、加工处理及产品快速检测技术、光温水气肥的智能管理、环境控制、电子计算机应用等研究与开发方面要有新的突破，尤其要重视具有自主知识产权的温室专用品种的研究与开发工作。在工厂化高效农业的产业链中，还要重视工厂化农业相关技术的研究与开发，实现产业化。支持和鼓励温室生产企业与科研院所发展各种形式的联合，研究探索有效机制，减少中间环节，缩短成果转化周期，使已有的研究成果直接进入生产领域，使我国未来工厂化高效农业总体水平有一个较大的提高。

（三）相关中介组织

我国现有的大型行业协会都不是由市场主体自发创立的，而是由市场主体管理者由上而下设立的，并依附于政府的相关部门。从某种意义上说，行业协会只是政府某些隐形权力或影响的延伸，没有起到行业协会应有的作用，应通过加强行业协会立法及完善行业内部管理规则来明确政府部门和行业协会的职能定位，逐步完善我国行业协会运转模式。

我国农村地区的合作经济性专业协会在发展生态农业的工作中，由于行业协会组织更了解微观情况，往往能起到桥梁和纽带的作用，平衡、兼顾不同主体的整体利益，更易为各方接受。应通过强化行业自律，维护地区或行业内部的整体利益，通过与政府加强协作，帮助政府完善行业管理。

我国产业化实现的根本在于培育龙头企业，行业协会应因势利导，加大对农业龙头企业帮扶力度，推进农业产业化进程。

行业协会应大力推进农业生产标准化工作。目前，农产品生产及运输标准已经明显不能适应国际农产品贸易发展的新形势。应逐步建立与国际标准相符的农产品生产及运输标准。行业协会应积极推进 ISO 9000 系列标准在农产品质量安全管理上的应用，借鉴发达国家农产品贸易的相关产品生产及运输标准控制体系，协助政府建立起适合我国农产品生产及运输的行业标准。

农业协会应充分研究相关行业国外的贸易制度及产业政策的变化，根据进口国产业结构调整及政策的情况提出合理意见，帮助政府及相关企业及时调整产业政策及产品结构，以规避发达国家绿色贸易壁垒。

（四）地方政府机制

生态农业想要得到真正的普及与发展，就离不开政府行之有效的政策刺激机制和保障体制。虽然现在的农村经济改革取得了成功，但对于在生态农业政策的贯彻方面，还是有许多值得完善的地方。政府推动生态农业建设的基本途径如下：

1. 制订科学合理的规划

生态农业的发展离不开合理的规划，规划是龙头，发展生态农业的第一步就是科学规划，科学的规划是成功开发的前提和基础。生态农业规划要有高的起点、高的定位，生态农业规划是生态农业开发的纲领，在实施中则要根据经济承受能力、资金投入力度、组织管理水平等条件，分阶段、有重点地分步实施，既有明确的长远目标，又有现实的近期目标，努力做到少走甚至不走弯路，以求用最少的投入，获取最大的收益。

首先，生态农业规划要因地制宜，不搞小而全。国家必须制定科学的生态农业总体规划意见，因地制宜，实现区域化、规模化。生态农业一定要坚持全国一盘棋，因地制宜，发挥地方优势的战略思想，杜绝小而全、自给自足的做法。

其次，生态农业规划要与城市规划、生态规划、农业发展规划和景观规划相衔接。农业往往被人们理解为在农村的产业，所以，认为农业规划与城市规划风马牛不相及。都市可以没有农村，但不能没有农业，这是一种新的城市观。生态农业的产生和形成是伴随着城市化进程、科学技术进步、经济的发展达到一定阶段的产物，生态农业规划必须与城市规划相结合。生态农业的开发建设是一个农业开发建设项目，是一个城市绿地建设项目，是一个城市生态建设项目，是一个城市景观建设项目。生态农业的规划必须符合生态规划、农业发展规划和城市景观规划的要求，生态农业的规划必须依据城市规划、生态规划、农业发展规划和景观规划来编制。

再次，生态农业规划要充分发挥农业的"三生"作用。生态农业是将农业的生产、生活、生态等"三生"功能结合于一体的产业。要特别重视生态农业的生态功能和社会功能的规划，加大经济功能开发力度。生态农业的规划要立足于生产、生活、生态的结合，利用田园景观、自然生态等环境资源并借助于现代物质技术条件，融现代农业、乡村文化、观光休闲（旅游）以及环保教育、农事体验职能于一体，体现人与自然和谐、都市与农村和谐。

最后，生态农业规划要符合都市居民回归自然、向往绿色的需求。生态农业的规划要为城市居民创造城市绿色空间，还居民以健康，这是城市经济可持续发展的关键。绿地景观与运动休闲、生态保健有机地融为一体，不仅可以高效利用农业自然空间，而且还顺应都市人崇尚自然、关注绿色的需求。

2. 完善农业的生产条件

完善农业生产条件是生态农业发展的基础，也是前提。

（1）增加基础建设投入

建设完善的农业基础设施是实现农业现代化的重要前提。因此，要加大"工业反哺农业"的力度，大力推进农业基础建设。各级政府在增加财政投资的同时，要引导社会资金投入农业基础设施建设。全面开展中低产田改造和农田基本建设，加强农业园区基础设施建设，实行山、水、田、林、路综合治理。

按照"渠相通、路相连、田成方、地力高"的要求建设好基本农田。继续推进鱼塘的高标准整治，不断提高抗旱排涝和高产稳产能力，建成适应农业现代化的生产环境。

（2）建设先进农业设施

使用先进的农业设施是维持农业较高生产能力的关键条件。要重点发展适销对路的小型拖拉机、收获机械、粮食烘干机以及农田水利建设、公路用的中小型装载机。此外，还应根据实际情况建设滴灌、喷灌、温室等种植业设施，孵化房、温湿调节型栏舍等畜牧业设施，增氧机、清淤机、循环水鱼池等水产业设施设备，为提高生态农业综合生产能力创造条件。

（3）建立健全农业信息服务

政府要加大这部分农村地区的数据通信覆盖力度，力求农村使用有线电视广播与连接国家或地区公用数据交换网，以及农业企业计算机通信网络建设，为生态农业的发展奠定良好的信息基础。

3. 提供良好的外部环境

政府应为生态农业的发展提供良好的外部环境。从国外生态农业发展的成功经验来看，其成功离不开政府的大力支持。生态农业在我国属于新生事物，其发展更是需要我国政府的倡导与扶持，为其创造一个良好的外部环境。

首先，是政策支持。生态农业作为一种与城市发展密切相关的现象，在政策上必须与城市协调发展。但事实上我国政府只关注生态农业发展的产出效益，却很少在政策上予以倾斜。比如，在发展生态农业中，必须有一部分土地要转而作为开发农业观光、休闲和体验等功能的基础性资源，但现行制度却限制了这种转移，极大地制约了生态农业向具有高需求弹性的农业休闲、观光和体验等服务性农业方向发展的政策体制，为生态农业的发展提供一个良好的政策环境。

其次，是金融支持。生态农业是一种集中高投入、综合高产出的产业、投资大，周期长，仅仅依靠市场的力量是不够的。这就迫使政府必须对生态农业的发展进行有力的金融支持。一方面，要加大对支农资金的扶持力度；另一方面，政府还要积极引导社会、企业、个人对生态农业进行投资，扩大资金的来源。同时，政府也要加快对支农资金管理机制的创新，提高资金的使用效率，使资金产生良好的效益。

最后，是法律支持。政府应尽快制定和完善与生态农业发展相联系的法律法规，使其在发展过程中遇到的各种问题能通过法律途径解决，为生态农业的健康发展提供一个良好的法律环境。

4. 抓好基础工程的建设

（1）生态环境综合治理、保护、培育和增值工程

生态环境综合治理、保护、培育和增值工程是生态农业建设，乃至实施可持续发展战略的基础工程。这一工程不仅关系到生态农业建设的成败，也关系到未来整个城市经济、社会的可持续发展。政府必须强化对生态环境综合治理、保护、培育和增值工程的管理和监督的力度，突出政府行为的强制作用，当前迫切需要抓好以下工作：①坚决抓好工业污染的防治，大力提倡和开展工业清洁化生产，抓好"三废"污染的源头治理，将影响农业

生产与发展的外源污染控制在最低的水平，为农业持续发展创造一个良好的外部环境；②大力加强林业生态工程建设，重点抓好水源涵养林、水土保持林、生态经济林的建设与管护，积极开展林业的分类经营，实现林业生态系统与资源的定向培育和保护增值；③尽快加强水土保持，继续抓好江河与沿海的综合治理与水利工程的建设，提高抵御自然灾害的能力；④在自然资源保护的基础上，大力寻找并挖掘有开发潜力，有市场前景的特有、稀有野生动植物资源，在保护和培育的前提下，探索适度开发利用和保护性增值的可能途径。

（2）农业清洁生产工程

农业清洁生产工程是生态农业建设的核心，也是生态农业建设的难点和重点。农业生产过程的内源污染已成为农业生态环境恶化的主要原因之一，这种内源污染的势头会随着现代化农业的发展而日益扩大。及早提出农业清洁生产的要求，推行农业清洁生产工程是保证生态农业建设目标实现的关键环节。

（3）基本农田全量（数量和质量）保护工程

"土地是财富之母"，基本农田保护是"菜篮子""米袋子"和长治久安的根本保证。数量型的保护政策和措施已经造成了耕地生产力的无形流失，全量保护的问题已迫在眉睫：①在对基本农田数量控制的基础上，尽快补充基本农田质量保护的内容，将基本农田质量保护的问题放在今后工作的主要位置，两手抓、两手都要硬；②改革现有的耕作制度，扩大高茬收割、秸秆粉碎还田等适用、可行技术的覆盖面；③建立基本农田质量监测体系，将基本农田质量保护纳入基本农田保护的目标和责任之中，实现基本农田的全量保护。

二、乡村生态农业与效益经济

（一）乡村生态种植业

1. 生态种植业的结构

我国自古就有保护自然的优良传统，并在长期的农业实践中积累了朴素而丰富的经验。生态种植业，即狭义的立体农业，将现代科学技术应用于传统的间、混、套、带复种，以形成多种作物、多层次、多时序的立体种植结构，这种群体结构能动地扩大对时间、空间、自然资源和社会经济条件的利用率，能产出更多的农产品，从而促进养殖业和农副产品加工业发展，提高农业综合生产能力。立体农业的根本在于：利用立体空间或三维空间进行多物种共存、多层次配置、多级物质能量循环利用的立体种植、立体养殖和立体种养的一种农业经营方式。

2. 生态种植业的类型

在延续传统种植业，轮作复种、套种的基础上，全国建立的复合种植生态模式包含了山地、低丘、缓坡、旱地、水田、园地、庭院及江、河、湖、海等所有可能利用的区域资源。按照地貌类型可分为平原立体农业、山坡立体农业和水域立体农业。平原立体农业又可分为田地型和庭院型；山坡型立体农业可分为丘陵岗地和山地型；水域立体农业可分为淡水型、浅海滩涂型和低湿地型等。按生物结合种类可分为植物与植物的复合种植型，植物与生物共生型等。

（1）平原立体农业模式

①旱地立体农业的模式及技术效果。随着生态农业试点、示范面积的不断扩大，依靠科技不断提高生态农业建设的水平和档次，立体农业有了新的发展和提高，涌现出许多粮粮、粮棉、粮油、粮菜、菜菜、林粮、林菜等相结合的模式。

第一，棉田立体农业模式。主要技术原理及经营效益：在棉花生长前期（即自播种至开花）2~3个月时间，套种一季生长期较短的茄、果及花生、玉米、大蒜等作物，加上冬季蚕豆与蔬菜间作形成复合种植，提高利用效率及综合效益。

第二，草莓-春玉米-夏玉米三熟二套的立体种植模式。该模式适应结构调整发展需要，实行三熟二套，生态效益、经济效益、社会效益显著。春玉米秸秆可用作青贮饲料，发展养殖业；动物粪便经处理还田，实现物质及资源能量多级循环利用，结构优化，粮、果、蔬、饲兼顾，高矮秆作物时空交错、立体风光，不仅能够提高土地资源利用率，还充分利用温、光、水等气候资源，减少浪费。

②稻田养殖立体模式、技术及经营绩效。高标准稻田养殖是一项综合性生态农业技术，充分利用光、热、水、土资源，以"稻—鱼—蟹"和"稻—鱼—虾"两种模式为主，通过人为科学配置"时空"差，采用人工的方法创造稻、鱼、蟹等共生的良好生态系统，在操作上采取统一规划、合理布局，达到理想的生态经济效益。

（2）庭院经济农业模式

庭院经济型立体农业是利用住宅的房前屋后、房顶阳台、院落内外的空场隙地及闲置房屋，剩余的劳力资源，尤其是辅助劳力，从事庭院种植业、养殖业和加工业等为内容的生产经营活动。庭院立体农业规模小、投资少，能充分利用空间、劳力进行集约生产，经济效益和商品率都较高。庭院生态系统可利用的物种非常多，其中，有食用菌、水果、蔬菜、花卉、畜禽、鱼类等，庭院经济型立体农业已成为繁荣城乡市场、振兴农村经济、加速农民致富、丰富城乡居民业余生活的一条重要途径。

庭院经济型立体农业，按照环境条件及种养习惯的不同可分为：以蔬菜为主的庭院型立体种植模式、以果树为主的庭院型立体农业模式、以食用菌为主的庭院型立体农业模式、以畜禽养殖为主的立体农业模式、庭院水体混养模式和庭院立体设施（沼气、生态建筑、多层种养）模式等。

庭院立体农业充分利用房前屋后、院子的空闲地，利用光、热等，通过科学设计，建立庭院立体设施（沼气、生态建筑、多层种养）模式，充分利用了各种资源。非常典型的模式有以下4种：

①以葡萄、果树等为主的立体种植型庭院经济。葡萄具有生长快、结果早、产量高、占地少、管理方便等特点。同样，果树也具有经济价值高、占地少等优点，很适合于庭院栽种。

②庭院鸡、猪、沼气、鱼农作物多级循环型。该模式采用鸡粪喂猪、猪粪进沼气池、沼液喂鱼和塘泥沼渣肥种植农作物的食物链形式，形成物质和能量的多级利用和良性循环生态农业体系，既降低成本，又减少污染，增产效益、效果十分明显。

③庭院花木立体种植。随着城乡居民物质生活水平的不断提高，人们对精神文化生活提出了更高、更新的要求，其中，观赏和培植花木、花卉已成为一种时尚，城市、乡镇消费量日益增加，前景非常可观。利用庭院的空闲地种植各类花木，不但美化环境，提高土地利用率，且具有可观的经济、生态效益。

④生态住宅。生态住宅以沼气为纽带，将建筑物与种植业、养殖业、能源、环保、生态有机结合并通盘考虑，实现了创新设置。生态住宅基本结构主要由地下、底层、楼层、屋顶四部分组成。这种住房冬暖夏凉"三废"在内部自行消化，既充分利用资源，又改善了环境，实现经济效益、生态效益和社会效益的统一。

（二）乡村生态牧业

我国牧区主要分布在北部、西北部及西南部地区，总面积为426.62万平方公里，占国土陆地总面积的44.4%，涉及内蒙古自治区、新疆维吾尔自治区、西藏自治区、青海、甘肃、四川、陕西等14个省（自治区）及新疆生产建设兵团的牧区及半农半牧区。随着生活水平的提高，人们对牛、羊等肉食品的需求量越来越大，刺激了牛、羊等草食动物的生产，饲草、饲料用量大大增加。若以传统的自然放牧饲养，自然草场将逐年减少，植被也随之被破坏，造成水土流失、区域生态恶化，牧区要把退耕还林（草）同发展生态畜牧业结合起来，从单纯靠天然草场放牧的方式，转变为划区轮牧、季节性休牧、走建设养畜、科学养畜的路子。要把发展农区畜牧业作为调整畜牧业区域布局、提高畜牧业比重和保护草原生态环境的关键环节来抓，有效缓解草原生态压力，逐步形成畜牧业生产的合理格局。农区和半农半牧区要全面推行种养结合，以户养为基础，以专业化养殖为骨干，发展高产、优质、高效农区畜牧业，加强社会化服务，尽快提升畜牧业的规模、质量和效益。

1. 实施退耕还林还草

退耕还林还草，就是将坡度在 25 度以上的陡坡耕地退出耕作，通过植树种草来恢复森林植被的一项生态建设工程。其实质是恢复森林植被，目标是促进生态环境平衡，实现社会经济的可持续发展。如有的牧区在黄土高原，丘陵沟壑区典型，地形支离破碎，水土流失严重，陡坡地面积大，必须通过退耕还林还草来恢复生态环境。

2. 农、林、牧协调发展

按照系统论原理，一个牧区的生态经济系统要实现农业经济的可持续发展，就必须统筹考虑该系统内部各方面的因素，实现农、林、牧的协调发展。在发展壮大畜牧业的同时，不能忽视种植业和林业的同步发展。退耕还林还草时，不能盲目地退耕，应该按照宜林则林、宜草则草的原则进行。应继续下大力气搞好基本农田建设，保留适宜耕作的优质耕地，并将一部分坡地改造成梯田，确保试验区内农民的口粮能够基本自给。同时，要兼顾林业的发展，在重点建设生态林的同时，在适宜的地方大胆发展经济林，确保果业的稳步发展。

3. 草畜型生态农业模式

（1）主要经济指标

主要经济指标包括草地畜载量和户均养羊规模极限等。草地载畜量的大小是受多种因素制约的，随着草场条件的变化，草地生产力也将随着变化，载畜量也经常变动。牲畜养殖规模必须严格控制在载畜量的范围之内。

（2）生态牧业形式

农、林、牧复合经营形式以草畜业为核心，通过舍饲养殖，将农、林、牧有机结合起来，形成经营地域范围内生态和经济的良性循环。

农牧结合形式与农、林、牧复合经营形式相类似，都以畜牧业为核心，通过种植业与养殖业的紧密结合，来实现区域内生态和经济的良性循环。农牧结合形式适用于高原区内耕地、牧草地较多，而宜林地相对较少的地方。

林牧结合经营形式以保持水土、改善生态为首要目标，以割草养畜作为畜牧业发展的主要技术措施，林业以经济为主，通过林业、牧业的紧密结合来实现生态和经济的良性循环。林牧结合形式适宜于水土流失严重、耕地很少、坡地较多的丘陵地区。

（三）乡村生态林业

1. 生态果业的开发

随着农村农业产业结构的调整，果树面积不断扩张，经营果园的农户越来越多，果品市场竞争日趋激烈，再加上市场需求无公害高档水果，经营者不得不加大投入，这样，果园的利润空间势必缩小。要使果园效益增加，可走生态开发之路，利用果园本身的优势，增加新的财路。果园生态开发有以下模式：

（1）果禽型

利用果园饲养家禽。一般理想的家禽为土鸡，假设每亩果园可放养 50 只土鸡，以 1 个 10 亩（1 亩 ≈ 667m²）果园为例，可放养土鸡 500 只。以每只土鸡增值 10 元计算，10 亩果园可增加收入 5000 元。

（2）果牧型

果园种草养畜。现在效益较好的是养牛。假设每亩果园所种的牧草可养一头肉牛，10 亩果园可养 10 头牛，每头牛纯利润为 1000 元，那么，养 10 头牛至少可增收 1 万元。

（3）果菜型

利用果园空地种植蔬菜。适合种的蔬菜有辣椒、红白萝卜、菠菜、香菜、野菜、花生、黄花菜等品种，通过出售蔬菜实现增值目的。假设每亩果园所种蔬菜上市后可卖 2000 元左右，10 亩的果园可增值 2 万元。

以上 3 种果园生态开发模式，最佳的还是种菜，其次是养牛，养家禽则效益差一些。但不论哪种方式，都可使果园经济、生态双重获益。

（4）"薛城模式"

广西壮族自治区薛城瑶族自治县是全国无公害水果生产示范基地县、全国生态农业示范县、国家级生态示范区和国家级可持续发展试验区。于 20 世纪 80 年代开始了"沼气代柴，抢救森林"的大行动，当年建沼气池 3000 多座，效果很好。由于沼气池需要大量猪粪等原料，沼气户开始大量养猪。沼气池产生的大量沼液、沼渣又成了种果树的优质有机肥，种果树的农户就多了起来，沼气助养猪种果，养猪助沼气种果，种果助沼气养猪，三者互依互促、相辅相成，产生良性循环，结果带动一大片，逐渐形成了闻名广西壮族自治区内外的以沼气为纽带，促成养猪种果的三位一体发展生态农业的"薛城模式"。

2. 生态药业的开发

生态药业是在循环经济背景下提出的一个新的概念，是按生态经济原理和知识经济规律组织起来的基于生态系统能力，具有高效的生态过程和和谐的生态功能的集团型产业。

生态药业在可持续发展原则的指导下，遵循生态经济学原理，应用系统工程方法，坚持中药资源开发利用和生态环境保护并举，建立一个"中药资源—中药产品—再生资源"的良性生态循环模式。生态药业要求中药资源在与其生存环境条件大体同步的时间范围内保持长期的可持续利用，运用现代科学技术和先进的管理方法，实现中药经济的生态型转化，使有限的中药资源和生态环境发挥最大的经济效益。

传统中药产业过分强调人工干预，忽视了自然调节能力，生态药业的发展要求必须处理好二者关系，实现人与自然的有机结合。利用引种、栽培、多熟种植、立体种植、扩大中药的有效部位等措施提高中药资源的生物量，同时注重生态群落的相对稳定性，动物、植物和微生物相互协调发展，在净化环境、保护生态的同时，保持和提高初级生产力。

生态药业受惠于生态省的建设。不少生态大省，通过扶持地方企业、科技攻关、培育核心力量、调整和提升产业结构等形式把本省的中药产业和生态建设有机结合起来，形成了各具特色的生态中药产业结构。

3. 生态茶业的开发

从对名优茶生产基地优越生态环境的选择和保护，到为应对茶叶出口绿色壁垒而全面整治茶区生态环境，大力开发无公害茶、绿色食品茶和有机茶等安全茶叶产品，生态茶业与优质高效茶业有机结合而逐步形成的高效生态茶业已显示出强大的生命力。高效生态茶业主要包括以下类型：

（1）立体复合种植的高效生态茶园

这种类型是在茶园周边和茶园内合理配置与茶树具有共生互利关系，且经济价值较高的乔木或草本作物，实施两层或三层立体复合栽培，既能使光能和土壤营养得到多重利用，增加茶园单位面积产出，又能改善茶园生态环境，促进茶叶优良品质的形成，从而使现有专业茶园转化为物种多样、生态位合理、综合效益高的高效生态茶园。目前，常见的立体复合栽培方式有以调节茶园气候、防冻防旱、保持水土为主要目标的茶-防护林复合种植，有既具防护林生态效益又有经济效益的茶-果林间作，还有提高茶园土地使用率、增加地面覆盖、改良熟化土壤的茶-草本作物套种等。

（2）开发生产高附加值安全茶叶产品的高效生态茶业企业

这种类型是在综合治理茶区和茶园生态环境的基础上，按照无公害茶、绿色食品茶和有机茶的行业标准，组建茶叶生产、加工与销售一体化的高效生态茶业企业，在开发生产高附加值安全产品的过程中推进高效生态茶业建设。

（3）与相关产业链接经济结构优化的高效生态茶区

这种类型是在一些茶园分布十分密集的茶叶主产区，通过对简单的生态经济结构加环境链，开发适合当地生态条件与茶业互补性强的产业，形成农业畜牧、种养相配套的多元经济结构，使茶区自然资源和生产过程中产生的有机物质得到再次或多次利用，从而建成资源利用率高、废物排放少、经济结构合理、综合经济效益最佳的高效生态茶区。在调整茶业结构、提高茶业经济效益的同时，利用林业资源优势，开发具有特色的食用菌等产业。为防止森林资源过度消耗，充分利用有机废弃物，保护茶区生态环境，形成协调发展的产业链，经济、生态与社会三大效益均十分明显。

（四）农业生态旅游

随着人们经济收入的提高和休闲时间的增多，对物质文化生活的需求向更高层次和多元化发展，人们的价值观念、消费观念和美学观念都在发生着变化。旅游已经逐渐成为大众的一种新的消费方式。人们的旅游兴趣不再仅局限于人文景观，而且对自然景观或半人工景观的旅游格外青睐。近年来，生态旅游蔚然成风，农业生态旅游（其中包括森林生态旅游、海洋生态旅游、种植养殖及生态旅游等）也在不断兴起。

1. 生态旅游的特点

"生态旅游"这个概念出现的时间并不长，它是出于对资源与环境的追求和保护而提出的。生态旅游开始仅局限在对原始森林、纯自然景观或自然保护区等的旅游，现在逐渐扩展到半人工半自然的生态系统范围内。

农业生态旅游是以农村自然环境、农业资源、田园景观、农业生产内容和乡土文化为基础，通过整体规划布局和工艺设计，加上一系列配套服务，为人们提供观光、旅游、休养、增长知识、了解和体验乡村民俗生活，趣味郊游活动以及参与传统项目、观赏特色动植物和自娱等融为一体的一种旅游活动形式。农业生态旅游使人们在领略锦绣田园风光和清新乡土气息中更贴近自然和农村，增强保护农业生态环境、增强农产品品质的意识，还能促进城乡信息交流和农产品流通，促进农业生产发展和农村生活环境的改善。农业生态旅游是旅游业与农业的有机结合。

与其他旅游形式不同，农业生态旅游可通过直接品尝农产品（蔬菜瓜果、畜禽蛋奶、水产等）或直接参与农业生产与生活实践活动（耕地、播种、采摘、垂钓、烧烤等），从中体验农民的生产劳动和农家生活，并获得相关的农业生产知识和乐趣。因此，从这种意义上讲，农业生态旅游具有可实践性和体验性等功能。

农业旅游资源具有地域多样性和时间动态性。由于生态环境条件和文化传统的差异，不同的区域具有不同的农业生产习惯和土地利用方式，而且农业利用模式也会发生季节变化，农业生产的这种时空变化也会形成相应的农业生态—文化景观。

农业旅游资源还具有一定的可塑性。自然景观和历史古迹一般具有不可移动性和不可更改性，而农业生产在不违背客观规律的前提下，可根据一定的目的对生产要素（如农业物种和关键技术等）进行优化选择、组装配套与集成，而形成有特色的农业生态系统模式。

2. 生态旅游的类型

（1）观光型农业生态旅游

这种旅游形式以"动眼"即以看为主，具体形式包括参观一些具有特色的农业生产景观与经营模式（包括传统的农业生产方式和现代的高科技农业等）或参观乡村民居建筑，或了解当地风土人情及传统文化等。这种旅游活动所需的时间一般较短。

（2）品尝型农业生态旅游

这种旅游形式以"动口"为主，即以尝鲜为主要目的。近年来，这种形式日益受到青睐，如有的旅游点让游客到果园或瓜地采摘瓜果，尽情品尝；有的旅游点（如水库、湖泊等旅游地）为游客提供垂钓服务，并可就地加工，让游客品尝自己的劳动成果，并可起到陶冶情操、修身养性等作用；有的旅游地为游客提供烧烤野炊场所；有的为游客提供特色风味菜肴和餐饮等。

（3）休闲体验型农业生态旅游

这种旅游形式以"动手"为主，通过实践可学习到一定的农业生产知识，体验农村生活，从中获得乐趣。这种类型形式多样，如游客可参加各种各样的农耕活动学习农作物的种植技术、动物饲养技术、农产品加工技术以及农业经营管理等或学习农家的特色烹饪技术等。

（4）综合型农业生态旅游

这种旅游形式以"动眼、动耳、动口、动手、动脑"为主，以达到全身心投入之目的。旅游者通过这种形式可充分扮演农民的角色，体验"干农家活、吃农家饭、住农家屋、享农家乐"的乐趣，以获得全身心的愉悦。这种旅游需要的时间一般较长。

3. 生态旅游的经济效益

优美健康的农业生态环境和运行良好的农业生态系统是农业生态旅游的必然要求。因此，开展农业生态旅游有助于提高人们的生态环境意识，有利于农业生态环境的保护，这是符合可持续发展思想的要求，也是顺应当今发展潮流的。

同时，农业生态旅游一般将农业生产与旅游活动有机结合在一起，可获得多重经济效益。即使在不利的条件下，二者在经济效益上也可相互补充。例如，由于气候条件的不确定性（如自然灾害等）和市场的不稳定性，常会使农业减产、失收、减效，因此可通过农业旅游来降低农业的风险。另外，在旅游淡季，农业生产又可弥补收入的下降。因此，相对单纯的农业生产或单纯的旅游而言，农业生态旅游具有高效益、低风险的优势。

（五）无公害农产品

1. 无公害农产品的概念

无公害农产品是指产地环境、生产过程、产品质量符合国家有关标准和规范的要求，经认证合格并允许使用无公害农产品标志的未经加工或初加工的食用农产品。无公害食品生产过程中允许限量、限品种、限时间地使用人工合成的安全的化学农药、兽药、渔药、肥料、饲料添加剂等。

无公害农产品应定位于保障基本安全，满足大众消费。生产无公害农产品要求产地环境符合相应无公害农产品产地环境的标准要求，是推荐性的；产品符合无公害农产品安全要求，是强制性的；并按照相关技术规定管理和生产农产品。无公害农产品认证的办理机构为农业农村部农产品质量安全中心，负责组织实施无公害农产品认证工作。无公害农产品认证是政府行为，认证不收费。

2. 无公害农产品的特征

无公害农产品具有安全性、优质性、高附加值三个明显特征。

（1）安全性

无公害农产品严格参照国家标准，执行省级地方标准，具体有三个保证体系。

第一，生产全过程监控产前、产中、产后3个生产环节严格把关，发现问题及时处理、纠正，直至取消无公害食品标志。实行综合检测，保证各项指标符合标准，如粮食有20个项目22项指标，蔬菜有19个项目21项指标。

第二，实行归口专项管理根据规定，省级农业行政主管部门的农业环境监测机构，对无公害农产品基地环境质量进行监测和评价。

第三，实行抽查、复查和标志有效期制度。

（2）优质性

由于无公害农产品（食品）在初级生产阶段严格控制化肥、农药用量，禁用高毒、高残留农药，建议施用生物肥药和具有环保认证标志的农药及有机肥，严格控制农用水质，因此，所生产的食品无异味，口感好，色泽鲜艳，无毒、有害添加成分。

（3）高附加值

无公害农产品食品是由省级农业环境监测机构认定的标志产品，在省内具有较大影响力，一般价格较同类产品高。

三、乡村振兴背景下生态农业发展路径

（一）乡村振兴背景下生态农业发展的必要性和重要性

在乡村振兴战略背景下发展生态农业是必然趋势，大力发展生态农业是促进乡村生态振兴的重要路径，有助于形成现代生态循环农业体系，促进农民增产增收，有效地解决"三农"问题。

1. 大力发展生态农业是促进乡村生态振兴的重要路径

大力发展生态农业，提高社会公众的生态意识，使社会公众自觉对各类自然资源加以保护。同时，大力发展生态农业，对于农业生产环境的保护要求更加严格，如土壤、水质等，以及所采用的生产方式更加清洁、便利、循环等，这会促进乡村生态文明健康发展，实现乡村生态振兴目标。

2. 大力发展生态农业可形成现代生态循环农业体系

大力发展生态农业，将种植业、畜牧业、渔业等有效地结合经营，既能解决环境污染问题，改善当地农业生态环境，也能节省和优化配置各类农业资源，提高农业生产效率，形成新型多层次的现代生态良性循环农业体系。

3. 大力发展生态农业能促进农民增产增收

在乡村振兴战略背景下，大力发展生态农业，可实现农业生产经营方式精细化和科学化，提高农业生产过程科学化水平，提升农产品生产标准化水平，实现农产品质量高级化，从而为塑造品牌农业奠定基础，有效地促进农民增产和增收，解决"三农"问题。

（二）乡村振兴背景下生态农业发展的模式

在乡村振兴战略背景下，大力发展生态农业成为各地农业转型发展的必然趋势。目前，我国已形成大量的成熟的生态农业发展模式，具体如下：

1. 北方"四位一体"的生态模式，此种模式基于生物学、生态学、经济学、系统工程学为基本原理，通过合理配置资源，充分开发利用太阳能，实现种植业（蔬菜）、养殖业（猪和鸡）相结合，形成能流、物流良性循环的系统。

2. 生态种植模式及配套技术，根据作物的不同生长特性，将传统农业种植方式与现代农业科学技术相结合，促进能源、资源得到充分利用，获取更高的作物产量和经济效益。

3. 生态渔业模式及配套技术，利用生物之间相互竞争、相互依存的关系，合理采用现代生物技术和生态技术，确保生物多样性。

4. 观光生态农业模式及配套技术，该模式以生态农业为基础，强化农业的自然、观光和教育等功能特征，形成具有第三产业特征的一种农业生产经营模式。

5. 南方"猪—沼—果"生态模式及技术，主要是利用山地、农田、水面和庭院等资源，将沼气池—猪舍—厕所三者结合，综合利用沼气、沼渣、沼液，实现农业资源高效利用和生态环境建设。

生态农业发展模式远不止这些，还可进一步进行优化与创新发展。

（三）乡村振兴背景下生态农业发展模式的构建对策

1. 注重宣传，培育相关主体的生态农业意识

在乡村振兴战略背景下，要想推动生态农业发展，需要提升农业相关主体的生态意识。因此，需要加强对生态农业的宣传，培育农户的生态农业意识，提升农户的生态农业发展能力，激励生态农业发展相关主体进行生态农业技术研发。

2. 重视投入，实现生态农业可持续发展

发展生态农业，不仅需要相关主体具备生态意识，而且需要重视科技投入，研发更多的农业新型技术和生态技术，促进农业发展从化学农业转向生态农业，提高生态农业的经济效益和社会效益。

3. 政策支持，保障生态农业稳健发展

发展生态农业需要政府加大支持力度，增强政策支持，加大对生态农业发展主体的补贴力度，提高社会公众发展生态农业的积极性。同时，通过政策支持，增加生态农业技术研发投入，采取积极措施增加相关技术的有效供给，保障生态农业稳健发展。

4. 研发技术，突出生态技术对生态农业发展的支持作用

发展生态农业需要现代科学技术给予支撑。支持作用，不断创新生态农业发展模式，转变现有农业生产方式，促进农业资源集约化和可持续化利用，提升农业生产力水平。

在乡村振兴战略背景下，需要大力发展生态农业。发展生态农业是一个系统工程，需要从转变发展方式的高度来转变观念、完善政策、明确标准、创新技术、全面规划和扎实推进，促进农业与其他产业相融合，促进生产与生活相结合，构建农业新型业态，拓展农业多样化功能，实现农业综合化发展，提升农业现代化发展水平，促进乡村振兴战略目标有效实现。

第二节　乡村文化建设和发展

一、乡村文化建设

（一）乡村文化建设的意义

1. *为乡村振兴的实现提供文化支撑*

乡村文化建设是乡村振兴战略实现的有力法宝，更是满足农民多层次的文化生活和各种精神需求重要的一环。"三农"问题一直是党工作的焦点问题，也是每年中央一号文件中反复强调的重中之重。党的二十大报告指出，加强乡风文明建设为乡村振兴提供精神力量，要坚持精神文明和农村经济共同发展。在坚定不移地发展经济的同时，要做好物质文明和精神文明两手抓的准备，二者要同步发展、缺一不可。所以，在发展经济的同时，也要认识丰富农民精神文化的重要性，要用文化的力量解决农民精神生活单调的问题，发挥文化的教化作用，营造良好的生活环境，逐步化解人民对高质量生活的需求和地区发展之间的矛盾。丰富乡村文化、提升村民文化素养、优化公共服务，完善乡村的基础设施建设，是实施乡村振兴战略的重要手段。

2. *深化农民对乡风文明的认同感*

乡村文化作为农民重要的精神食粮，也应当加强建设，而加强乡村文化建设不仅仅是为了满足农民的幸福感、获得感，更是为了深化农民对乡风文明的认同感。乡风文明作为农民思想、行为等方面文明状况的反映，理应体现乡村文化建设水平，也能在认清乡村文化建设现状的基础上"查漏补缺"，更进一步地推动乡村文化建设。毋庸置疑的是，乡风文明蕴含丰富的内容，具体包括：

第一，充分发挥基层党组织及模范党员的带头作用，通过设立"党员先锋岗"等形式引导广大乡民积极主动参与志愿服务，争做移风易俗宣传员、乡村卫生保卫员等。

第二，以问题为导向，以农民为攻坚力量，全力清理垃圾乱丢、分类处理不当等问题，全面整顿车辆乱停乱放、占道经营等问题，严厉打击乡村黑恶势力，杜绝不文明现象的滋生。

第三，通过设置乡村文化长廊、修建乡村图书馆、组建舞蹈队等方式满足乡民精神需求，丰富农民精神境界，提升乡民文化素养。

第四，在乡村倡导健康文明新生活，摒弃陋习，建立平等、友好、互助的人际关系，共同营造美好乡风。

以上乡风文明所包含的内容皆是乡村文化建设的重中之重，加之乡村文化的建设离不开每一位农民的努力和奋斗。在这个过程中，农民对乡风文明有了一定的认知，久而久之，"量变达到质变"，即农民对乡风文明的认同得到了深化。从这一层面而言，乡村文化建设有利于深化乡风文明认同感。

3. 促进城乡融合发展搭建文化桥梁

乡村具有的生产、生态、生活、文化等功能不仅能促进其自身发展，还能在一定程度上促进城镇的发展，乡村要振兴，文化要先行，保障乡村振兴目标的实现，就必须振兴乡村文化。中国城乡关系发展方向由城乡统一规划和城乡一体化向城乡融合发展转变。如今为了更好地构建人类活动的主要空间，必须采取多种方法推进城镇与乡村互利共赢、和谐发展。

一是要加强乡村文化建设。乡村应以自身独有优势吸引大量人员投身乡村文化振兴工程中，不仅要让乡村本土人员发扬其文化传播优势，更要吸引城市人才、文化志愿者、企业家、退休人员等为乡村的发展助力。在不改变乡村文化的根基基础上，取其精华，去其糟粕，创新农村文化生态。

二是使农村文化活动更加丰富。随着人民生活水平的提高和城镇化进程的日益加快，农村居民也应该享有更多的文化服务，享有同等的文化权利，享有更好的文化成果，从而使农村居民的获得感和幸福感不断增强。

三是做好文化传承工作。中国人民自古以来就有深厚的乡愁情怀，人们对待传统文化、风俗的特有情感为传统物质文化遗产的继承起着独特的优势，从而吸引村庄里的年青一代回到乡村，传承老一辈人留下的传统文化，比如，一些老手艺、独特的民间文化等。吸引城市资金助力乡村建设和维护，加强传统村落、民族村的保护工作，既传承了人们的历史回忆，又传承了农村地区优秀的戏剧、民族文化、民间文化等非物质文化遗产。

4. 为实现人的自由全面发展提供栖息地

每个人的一生中都需要一处精神家园，并为之而不断努力奋斗，成为寻找精神的栖息地。在我国古代，也有文人墨客为了追求山水之中的闲适生活而隐于山林。当前，我国的社会基本矛盾已发生改变，因此，在坚持以经济建设发展为中心的同时，也应该更加重视社会主义文化的全面繁荣发展，协调和平衡好物质文明和精神文明之间的关系，要不断满足人们对高质量精神文化的需求，通过用文化培养他们健全的人格来促进人的自由全面发展。

乡村相对于城市而言，缓慢的生活节奏更适合人的身心发展。乡村文化是乡村的重要精神内核，是乡村的灵与魂。乡村文化不仅能促进乡村生活氛围的重塑，还能促进人的全面发展。因为乡村文化由来已久，乡村文化中蕴含着深厚的文化底蕴，对个人的道德情感和行为习惯的养成，人格的全面发展起到积极的推动作用。因此，只有将乡村文化建设好，把乡村建设成为一个生态宜居、有良好乡风、民风的世外桃源，才能发挥乡村的巨大潜力和作用，美丽乡村也将是人们精神的栖息地。

（二）乡村文化建设的任务

1. 培育文明乡风

（1）培育和践行社会主义核心价值观

社会主义核心价值观作为社会的主流价值观，在巩固思想意识形态中发挥着重要的引领作用，在我国的文化建设中发挥着不可替代的作用。新时期乡村社会面临农业、农民的现代化转型，市场经济的快速发展使乡村传统的价值观念发生急剧的变化，农民的世界观、人生观、价值观出现偏差，导致乡村社会的价值观空心化和庸俗化。这个时候需要发挥主流价值观的引领作用，因此，要不断加强其在乡村社会的培育和践行。

一方面，要让村民充分认识培育和践行社会主义核心价值观的重要性。培育和践行社会主义核心价值观是稳固农村思想文化阵地的必要举措，是不断提高乡村治理能力现代化、提高村民文化素质的有力保障，是建设新时代乡村文化的重要环节，要在社会主义核心价值观的指导下，继承乡村优秀的文化遗产，进一步提高村民辨别是非的能力，培育适合时代发展的新的观念和理念。

另一方面，培育和践行社会主义核心价值观要融入乡村社会生活，让村民在实践中感受它、领悟它，使其成为村民日常生活奉行的准则，增强农民的认同感，要让社会主义核心价值观融入乡村组织系统、文化系统、生产生活系统，浸入农民日常生活的方方面面，要将社会主义核心价值观内化为村民的精神追求，外化为村民的自觉行动。

（2）加强农民思想道德建设

能否加强农民思想道德建设是乡村文明与否的基本前提，决定着作为乡村主体的农民能否拥有良好的文化素养和较高的道德水平的关键，这也影响着乡村的人际关系和社会和谐。

首先，要建立乡村道德文明思想体系。在新时代背景下，传统乡村道德秩序要适当地做出改变。坚持以社会主义核心价值观为思想指南引领，构建乡村道德文明思想体系，制定合法的、翔实的、规范的村规民约，为村民提供可行性依据，最终实现促进农民的思想觉悟的提高，实现农民道德水平、文明素养的提升的目的。

其次，依托多样性活动促进农民思想道德建设。社会意识对于社会存在具有反作用。在农村举办家风家训活动，评选最美教师、医生、"村官"等。通过树立标杆、榜样带动村集体风气，在活动中加强道德建设。

2. 兴盛乡村文化

（1）传承发展乡村传统文化

我国传统优秀乡村文化源于农耕文明，其逐渐形成的乡土文化成为乡村传统文化的主体。做好乡村传统文化的保护和继承不仅对于新时代乡村文化的建设有重要意义，更是面对乡村文化受到工业化、现代化冲击的有效措施。应及时抓住机遇，让传统乡土文化恢复往日的光彩。农耕文明所蕴含的精神观念可以提升人们的精神文明教化价值和维护社会和谐安定的社会价值。今天日益多元化发展中的许多问题都可以用乡村传统文化来治愈。因此，乡村文化振兴必须做到传统与现代、继承与创新的有效融合。

（2）重塑乡村文化空间

作为人类特有的精神产品，传统文化在一定的空间内，在人与自然的互动中得以产生，并且不断丰富和发展。和城市不同，乡村文化必须以乡土社会为空间进行发展。近代以来，时空急剧变迁，导致传统乡土文化与其空间渐失和谐。令人欣慰的是，乡村因受到革命思想文化的洗礼，使得乡村文化得到了塑造。随着改革开放的不断深入，乡村文化空间也处于过渡中，文化建设面临的主要问题是乡村文化空间的重新定义和构建。总体而言，振兴乡村文化，重塑乡土文化空间，立足于乡村发展的实际和人的生存需要，构建具有乡村特色和人文价值的文化家园。

二、乡村文化建设的重要性分析

（一）人民美好生活的现实需求

从进入新时代，我国的社会主要矛盾就变成了"人民日益增长的美好生活需要和不平衡不充分的发展之间的矛盾"，满足人民过上美好生活的新期待是建立在丰富的精神食粮的基础之上的。这启示我们，要想发展得更好，就必须推动高质量的文化发展，乡村文化内涵丰富、历史悠久，可以为人们美好的精神生活提供更丰富、更好的文化资源。自改革开放以来，随着中国社会生产力水平的提高和社会供给能力的提高，中国人民的生活需求基本得到了满足，但人的精神需求会随着政治经济的发展而发生改变，中国人民在社会发展进程中，不仅创造了丰富的物质文明，而且创造了果实丰富的精神文明。

（二）都市人的心灵归宿

农村发展必须应以自身独特的乡村风貌、风土人情特点和乡愁情怀优势为基础和前提，走一条独特的发展道路。随着社会的发展，越来越多的年轻人选择在繁华的大都市拼搏，这促使人们对乡村有了更独特的情怀。对于漂泊在外的游子们而言，无论他们走多远，乡愁永远伴随着他们，这种精神寄托不仅对游子们是一种精神鼓励，对于乡村文化振兴更是一个机遇。因此，在乡村文化振兴中，应以乡愁情怀为出发点，做好传统文化的继承与创新，赋予乡村更多的人文情怀，使乡村不仅成为村民的美丽家园，更能成为更多都市人的心灵归宿和心理理疗。

（三）集体文化根源的追寻

乡村文化受到城市文明的冲击，生存土壤发生了很大的变化，乡村文化中包含的集体文化逐渐消失，传统文化的继承、乡风家风民风培育和乡村建设的记忆都出现了问题。乡村要振兴，离不开农业文明的继承和发展，重建农村文化是乡村走向文化繁荣的必经之路，更是乡村走向富裕的重要法宝。在农村，村庄自然成为一个集体，村民们关系融洽，其乐融融。乡村的生产和生活都是在村民团结互助合作中完成的，一个村里的人在日常生活中都非常团结友爱，遇事能做到互帮互助，遇到困难能相互扶持、共渡难关。

村民间有着或远或近的血缘关系，血缘关系作为纽带，维系着集体团结和谐的人际关系。人们相互理解、包容、尊重，从而达到一种和谐的氛围。这种和谐的社会关系对个人、社会和国家的发展都有着很大的作用。

三、乡村振兴视域下的乡村文化建设路径

（一）坚持乡村文化建设的正确方向

1. 坚持中国共产党的伟大领导

中国共产党是为人民谋幸福的伟大政党，其肩负着时代重任、应对着时代挑战。从中国共产党成立以来，在中国共产党的正确领导下，乡村建设平稳向前发展。与其相伴随的是，乡村文化的振兴。要振兴乡村文化，要促进乡村文化建设，就必须坚持中国共产党的领导。具体而言：

第一，要做好党对乡村文化振兴的顶层设计。毋庸置疑的是，"领头羊"在带领整个社会和集中社会力量的过程中扮演着重要的角色。换言之，其能有效整合社会资源，带动社会发展。在乡村文化振兴的过程中，要充分发挥好中国共产党这个"领头羊"的作用及

功能。因为，历史基础和现实状况的发展在一定程度上制约着乡村文化的发展。只有做好党对乡村文化振兴的顶层设计，才能使乡村文化振兴在具体的实践中有路可循、有法可依、有人可靠。

第二，要将维护好人民利益放在首位。从一定意义上而言，实现乡村文化振兴就是在提高人民生活水准的基础上，丰富人民的精神生活，提升人民的精神享受。在乡村文化振兴及乡村文化建设的过程中，要充分考虑到人民的现实情况，要切实维护好人民的根本利益。如此，必须坚持中国共产党的领导，必须把维护人民的利益放在首位。

第三，要在实践中谋发展、享发展。乡村文化振兴及乡村文化建设不是一句空口号，乡村文化建设作为中国特色社会主义事业发展的重要一环，必须对其付诸实践，必须在充分把握乡村文化发展的客观状况的基础上，在实践中谋得乡村文化建设的正确路径，享受乡村文化建设的丰硕果实。

2. 坚持先进文化的前进方向

中国共产党必须高度重视社会主义先进文化的建设，乡村文化建设的正确方向就是坚持社会主义先进文化的前进方向。在乡村改革进程中要注重乡村精神文明建设和农民素质的提高，要注重对农民加强集体主义和爱国主义的思想教育，要用正确的思想和优良风尚去占领农村。

伴随着中国特色社会主义进入新时代，我国的社会主义矛盾也发生了变化。对此，在发展乡村文化建设的过程中，要创新乡村文化建设路径。尤为重要的是，必须坚持社会主义先进文化的正确方向。因为，方向好似一盏指路明灯，指引着人们进行正确的建设和发展。当然，在这个过程中，还要注重培育和践行社会主义核心价值观。乡村文化建设不仅需要中国共产党的正确领导，还离不开村民自我素质的提升以及责任感和主人翁意识的增强。

3. 坚持为人民服务，为社会主义服务

"为人民服务，为社会主义服务"作为中国共产党文化建设的总方针和基本原则，在我国的文化建设中起到了巨大的推动作用。之所以其能助力我国文化建设，是因为其符合中国共产党全心全意为人民服务的宗旨，其也能体现出社会主义文化建设的性质和要求。

乡村文化建设更是将"为人民服务，为社会主义服务"贯穿到文化建设工作的方方面面，全心全意地为村民服务。村民是乡村文化建设中不可忽略的重要主体。要优化乡村文化建设，需要不断满足村民的文化和发展需求，不断提升村民的现代意识，努力将村民培养成有助于乡村文化建设的现代村民。就"今后"而言，中国的文化建设仍须继续坚持"为人民服务，为社会主义服务"。新时代，乡村文化建设会迎来发展的契机，也会迎来更

多、更大的挑战。对此，在乡村文化发展的过程中，要坚持一切为人民服务、为社会主义服务。不可否认的是，为人民服务就是坚持了社会主义原则，而只有坚持了社会主义方向，才能更好地为广大农民服务。

（二）搭建村文化建设的顶层设计

1. 提高基层干部思想认识

随着国民收入的增长，我国经济总量渐趋稳定，与经济的转型升级相适应，文化建设不仅成为经济发展的助推剂，而且成为提升和稳定国民生活质量的催化剂。与我国长期以来对经济发展的重视相适应，加上文化发展的长期性特点，使得文化发展虽然被提上各个地方发展的总章程，却也出现了新的问题。诸如，乡村建设中对经济建设的偏重，基层干部在心理上对文化建设的放松与倦怠。

为切实改变乡村建设中的这一问题，可以从两方面做出努力：其一，从政策入手，从根本上改变基层干部在文化建设中"怕投入、懒于投入"的心理，进一步加强与完善各级领导干部的年度考核制度，与之前单一强调经济建设的"政绩观"相区别，在新的考核制度中应适量加入对领导干部思想文化的考核。其二，要调动基层干部进行文化建设的积极性与主动性。改变过去乡村文化建设中一些只重视形式，不重视内在的过于形式化的作风，使基层干部在思想上真正认识到文化建设的重要性，而不是一味地为了完成工作指标，应将其观念贯穿于日常的点滴工作中，做到事无巨细。基层干部要静下心来、沉下身来，真正了解当地农民的文化需求，调动他们参与文化建设的自信与热情，以实现"一切为了人民，一切依靠人民"的初心。

2. 加大对乡村文化建设经费投入的力度

乡村文化的发展离不开资金的支持。应不断加大对乡村文化建设经费投入的力度，号召社会企事业单位和政策向农村文化发展倾斜，贯通优化投资渠道和融资环境，逐步形成多措并举、多元发展的乡村文化投融资格局。抓好、用好、建好基层文化服务中心，发挥便民文化传播阵地的主导作用，要充分运用好微信和各类短视频等新媒体平台，优化供给快捷、精准、优质的文化内容；搭建好"三下乡"、农民丰收节等舞台，壮大文化发展队伍，扩大文化传播途径，充实文化载体内容，推动乡村文化良性发展。文艺作品作为文化传播的重要载体，要支持以展示新时代农业、农村、农民精神风貌为题材的艺术创作，形成一批接地气的能使农民群众产生共鸣的文艺作品。要建立一批懂农业、爱农村的专业人才队伍，不断加大涉农的经营、物流等技术的支持。此外，在基础设施上，创建一批具有科技化、信息化的乡村设施，实现不同地域乡村文化的流动、借鉴和监督。

3. 善于挖掘地方特色

中华民族有五千年的文明，在长期的发展与演变中，形成了博大精深的民族文化，加上地域辽阔和多民族居住等现实国情，使华夏文化呈现出丰富多彩的地域特点。不同的地域文化不仅彰显着不同的地理环境和人文环境，也在深层次上影响着人们的文化心理和行为习惯。基于这样的原因，在乡村文化建设中，应防止"一刀切"的做法，加强地方文化的保护、开采与发展，同时注重对当地人民精神文化的建设，将乡村文化的发展和建设作为现代文明新农村建设的必经之路。

具体而言，在农村文化建设中应做到以下三方面：

首先，应加强对传统文化和民俗文化的继承。一方面，要采取积极措施对本地存在已久的物质文化进行全方位的保护，使其得以完整地保存下来；另一方面，要注重对民间的传统精神文化的传承，诸如农民身上的勤劳、淳朴、忠诚、善良的品格等。

其次，应充分利用政策优势发展本地的文化资源。加强政策的宣传和引导，使村民充分认识到乡村文化建设的重要性，引导其积极主动地投身乡村文化的建设当中去。充分发挥乡镇文化站的主导作用，使人们在互助共享中实现自身的文化权益。

最后，应加强对当地传统文化的宣传。在全面进行地方文化保护与发展的同时，应突出重点，对当地特有的文化特色进行有意识的加工与宣传，在"精"与"深"的渲染中，培育出独一无二的地方特色，一方面，有益于传统文化的发扬光大；另一方面，有益于形成持久稳定的特色产业，以真正使当地的百姓受益，实现文化建设的初衷。

（三）加快乡村经济健康发展

1. 推动乡村文化产业发展

在乡土中国，乡村文化发展都有自己独特的历史发展轨迹，在乡村文化的建设过程中，一定要尊重差异，这必然要求立足于乡村实际，结合特色乡土人情，创新性地把乡村文化和发展转化联系起来，乡村文化的发展既要"富口袋"，又要"富脑袋"，要搭好文化铸魂、物质塑形的平台，平衡好主导价值观和多元价值观之间的关系。筑牢基层探索和顶层设计根基，更好地为乡村振兴提供源源不绝的精神力量。

根据乡村文化的地域、历史、资源、民族、产业等地方特色发展衍生相应的文化产业，对于引导农民广泛就业、提升农村文化建设具有积极的作用。将特色乡土文化注入旅游、农业工业发展，塑造地域特色品牌，结合乡村文化发展，贯通农民的精神与物质需求，形成文化产业和文化事业双引擎驱动、经济和社会效益双向丰收格局，一体推进实现文化发展惠民、文化带动致富。

2. 发展乡村经济

社会存在决定社会意识，文化发展自然会受到经济基础的制约。在农村，乡村的经济水平的高低会直接影响到乡村文化的发展，经济发展好的乡村，村民的生活水平普遍高，村民们在物质生活得到满足之后，投身于文化建设的积极性就高，基层政府也会对这个村的乡村文化建设比较重视，资金投入较大；反之，如果一个村的经济发展状况不好，村民每天忙于生计，没有多余的精力投身于乡村文化的建设，乡村文化建设更是缺少经费的支持。随着乡村经济发展，村民的经济收入增加，物质基本得到满足，开始追求精神上的享受，对于文化的需求增加，用于文化的支出就会增多，从而会带动乡村文化的发展建设。

发展乡村经济要规划好乡村经济发展思路。发展乡村经济要制定好乡村发展经济的具体路线，不能盲目地搞经济。比如说，有的乡村的文化资源比较丰富，历史文化古迹比较多，那么，这个村庄就可以将这些固有的文化资源变为旅游资源，开发旅游业，以此来促进乡村经济的发展；有的乡村环境优美、气候宜人，适合人居住，就可以用来发展民宿建设；有的乡村适合种经济作物，就可以种植经济作物，发展相关经济产业。

3. 拓宽资金渠道

我国乡村文化建设的资金来源一直依赖于政府拨款。还有另一个办法就是村民们自掏腰包、自己筹款，虽然有的乡村投资建设了乡村文化站或乡村文化活动室，但由于资金不足、配套设施不完善，不能发挥出它应能发挥的作用。

因此，乡村要建设得好，就需要拓宽资金的投入渠道，不能仅仅依靠政府财政的支持和村民的自筹，而是要拓宽资金的引入渠道，在合理分配预算的基础上，强化乡村级招商引资平台建设，引进客商到本地新建项目，通过这一途径，吸引资本入村。比如说，吸引一些爱心企业、实业家、慈善机构的资本支持，要区域内联合开发，资金共享，整合现有的资金，共同开发资源，共同分享胜利果实。

（四）加强乡村文化人才队伍建设

1. 注重乡村教育

中国迈入了开放多元的全新经济时代，意味着对人才要求有所提高。当前乡村教育仍以国家政府为主导，吸引民间资本投入乡村教育，多方面整合公共教育资源，保证农民及乡村孩子受教育机会增加，完善基层教育的设备，改进办学条件，从而推动乡村教育的水平。当然最重要的是需要引入并培养不同层次的老师，丰富多样的知识需求，尤其职业技术教育以及法律和经营管理的知识，鼓励创办乡村职业技术学校，让农民工学有所用、学以致用。但是也需要结合本土文化，激励当地居民在本土特色地域文化上进一步传承和发扬，培养学生对乡村文化的自信心，因地制宜地开展乡村办学，积极探索最佳的授课方式。伴随着智能手机和网络的普及，充分利用并开展线上教育，实现农民与教授的面对面连接，学生与名师的线上交流，使得乡村学生享受到城市教育资源，从而促进城乡教育的均衡发展。农村目前仍以务农为主，年收入源于庄稼，因此，各地应加强农作物以及农业技术知识培训，促进农业的发展，在实践中完善新时代农业的理论体系。

2. 重视发挥农民主体作用

乡村文化建设是一个须集合多方力量，统筹规划、协调发展的过程。在整个规划、建设、发展的过程中，农民扮演着重要的角色。乡村文化建设作为新时代现代化国家建设不可忽略的一部分，须充分发挥农民的主体作用。具体来说：第一，中国是农业大国，亿万农民的积极性直接关乎乡村文化建设成效，当亿万农民心往一块想、劲往一处使，积极发挥个人能量时，其产生的强大作用是不言而喻的；第二，思想是行动的先导，亿万农民的主动性是乡村文化建设的必备前提，当亿万农民都有积极向好、共同建设乡村文化的正确思想时，其主动性也会油然而生；第三，意识是人脑的机能，人脑是高度发达的物质系统，是意识活动的物质器官。人作为一切社会关系的总和，能在意识的指导和作用下，创造出社会不存在的"物"。中国农业、农村经济的发展断然离不开中国农民的创造性，从这个角度而言，亿万农民的创造性必会推动乡村文化建设。当然，乡村文化建设不是一朝一夕就可实现的，充分发挥农民的积极性、主动性、创造性应当也必须是一个不断往复的过程。如此，量变达到质变，农民主体作用也必会在乡村文化建设中凸显出来。

第三章 乡村振兴背景下乡村旅游发展

第一节 乡村旅游规划

一、乡村旅游规划编制方法

（一）乡村旅游规划的概念及理论基础

1. 乡村旅游规划的概念

乡村旅游规划，是旅游规划的一种，强调对乡村旅游资源的科学开发与保护，是对乡村旅游开发进行战略与行动整合设计的手段。其主要任务是明确乡村旅游在当地国民经济和社会发展中及当地旅游业中的地位与作用，提出乡村旅游发展目标，对乡村旅游的空间进行优化布局，对产业要素进行优化配置，安排乡村旅游开发重点项目，开发独具当地特色的乡村旅游产品，提高社区在乡村旅游发展中的参与度，从而促进乡村旅游业的健康、可持续发展。

2. 乡村旅游规划的理论基础

（1）系统生态理论

系统生态学是以生态关系为主要研究对象，以系统生态理论为指导。所有具有生态学结构和功能的组织单元称为生态元，将能为目标系统储存、提供或运输物质、能量、信息。与目标系统生存发展演替密切相关的系统称为生态库，是主体生态系统存在的基础，并为其提供多种服务，人们称之为生态服务功能。

以生态理论为指导，要求整合乡村聚居环境自然生态、农业与工业生产、建筑生活三大系统并协调各系统之间的关系，从自然和社会两方面去创造天人合一、情景交融、舒适优美、卫生便利的人类活动的最优环境。

（2）可持续发展理论

可持续发展与环境问题是未来乡村旅游发展的核心，而可持续发展的本质是本地化，即开发的目的主要是满足本地社区发展的需要，建设本地产品供应链，鼓励地方工艺品生产，保证收益最大限度地保留在本地，确保开发力度在环境和社会的承载力之内。乡村旅游目前基本属于大众旅游，个别旅游者欠缺生态环境保护意识，今后必须建立可持续发展的理念，进行乡村生态规划设计与开发。

（3）产业融合理论

产业融合是伴随着信息技术与互联网技术的变革与扩散而产生的，它是指两种产业或多个产业合成一体，逐步成为新的产业，显示出新的产业属性。促使旅游产业发生融合变化的内在动力在于旅游产业系统的强关联性以及追求效益最大化的冲动性，其外在驱动力则由市场需求的推力、竞争合作的压力、技术创新的拉力和规制放松的助力构成。在乡村旅游规划中要看到产业融合的必要性，贯彻产业融合理论和农业多功能特征，发挥旅游业的带动效应，把农业、手工业、制造业、服务业有机联合起来，创造出新的产业。

（4）利益相关者理论

利益相关者理论是指企业的经营管理者为综合平衡各个利益相关者的利益要求而进行的管理活动。该理论认为任何一个公司的发展都离不开各利益相关者的投入或参与，企业追求的是利益相关者的整体利益，而不仅仅是某些主体的利益。该理论在旅游规划与目的地的管理中强调权利和义务的均等以及公众参与程度的加强。

乡村旅游应在多规合一理念的指导下，贯彻相关理论基础，对城乡总体发展布局、乡村产业、土地利用、乡村景观等进行统一的规划，使乡村旅游纳入区域发展的大格局。

（二）乡村旅游规划的技术路线

乡村旅游规划技术路线是研究或进行该规划实践所遵循的规划程序、规划任务、规划技术与方法、规划标准以及确定乡村旅游资源保护与开发规划内容体系的指导思想、原则与依据，其流程包括规划准备和启动阶段、调查分析阶段、确定思路和目标阶段、规划方案与行动阶段、规划的实施与监督阶段五个阶段。

1. 规划准备和启动

规划的准备和启动阶段主要工作包括：明确规划的基本范畴，明确规划的价值取向，明确规划的制订者和执行者，确定规划的参与者、组织规划工作组，设计公众参与的工作框架，建立规划过程的协调保障机制。这些是启动乡村旅游规划应该具备的基本条件。由于规划受到当地社会经济发展水平、政府部门结构、行政级别等因素的影响，特定地方的规划可以跨越其中某些工作。

2. 调查分析

这一阶段的主要工作包括乡村旅游的总体现状分析，即乡村旅游资源普查与评价分析、客源市场分析、乡村旅游发展 SWOT 分析，在以上三个方面科学分析的基础上，对当地发展乡村旅游进行全面的综合考察，找出发展乡村旅游的优势和机遇，并摸清存在的方式和面临的威胁。

3. 确定思路和目标

这一阶段的主要工作是通过对以上乡村旅游发展的背景和现状进行整体的联系性剖析，结合乡村的历史、社会、经济、文化、生态实情，在宏观上确定乡村旅游发展的方向定位，并在此基础上，确定未来乡村旅游的具体发展目标、产业重点和项目特色。乡村旅游资源规划的目标应重点考虑以下几个问题：目标制定的原则、乡村旅游资源保护与利用的总体目标、乡村旅游资源保护目标、乡村旅游资源持续利用目标、保护与利用目标的具体指标、公众参与对目标的权衡及目标的确定与修正。

4. 规划方案与行动

制订规划阶段是乡村旅游规划工作的主体部分，是构建乡村旅游规划内容体系的核心，主要工作就是根据前三个阶段调查和分析得到的结果，并依据发展乡村旅游的总体思路，提出乡村旅游发展的具体措施，将规划转入行动方案阶段。这个阶段需要明确技术路线、具体的行动方案、实施项目、行动主体、保障行动方案顺利实施的制度和机制性措施。需要注意的是，在制订详细的规划内容时，必须考虑规划区域的乡村社区建设和社区居民的切身利益。

5. 规划的实施与监督

乡村旅游资源保护与开发规划作为指导乡村旅游保护公众的中长期计划和行动纲领，要依据乡村旅游规划的具体内容，并结合乡村地区实际发展情况，切实做好乡村旅游规划的具体实施工作，要经历编制—评鉴—行动方案—实施—评估反馈五大过程。规划编制与鉴定工作完成，需要通过对规划的实施和监督，及时发现问题并采取相应措施，进而不断提高规划的可操作性和解决问题的针对性，强化规划的生命力和应用性。

二、乡村旅游区空间规划

（一）乡村旅游区空间规划技术

1. 乡村旅游区空间规划技术类型

乡村旅游区空间规划是指相关主管部门在综合评价旅游区域的发展潜能及对各种空间要素的依赖性等基础上，对旅游优先开发地域、旅游生产要素配置、旅游接待网络等进行的策划或规划。乡村旅游区规划的技术类型与一般旅游区规划相同，按规划层次将旅游区规划分为总体规划、控制性规划、修建性规划三个层次。

2. 乡村旅游区空间规划程序

乡村旅游区空间规划布局一般是按以下程序进行的：

（1）原始资料的调查和分析

主要是对乡村旅游区的现状、接待能力、宾馆星级、配套设施状况、客源市场规模与层次级别、社会经济承载力、自然环境条件的调查和分析。

（2）拟定布局原则

根据原始资料的调查和分析，确定旅游地性质、级别、旅游规模，拟定空间布局、功能分区和总体艺术构图的基本原则。

（3）提出各种总体布局方案

每个方案都是规划师依据自己对乡村自然景观、文化景观和产业活动特征等的认识，结合宏观发展环境，提出的竞争的土地利用方案，是众多方案中的一个，但规划方案不是唯一的。每一个方案既有自己的核心理念，也有其他多目标考虑。

（4）对每个布局方案的各个系统进行分析研究和比较

在众多方案中，每一个都有自己独立的考虑，而且，每一个方案在处理乡村旅游共同的和核心的内容应当具有一致性，它是对规划对象研究后高度凝练的结论。同时，乡村旅游区规划在空间上又表现出多样性和灵活性。主要包括：旅游区形态、发展方向、扩张的可能性；交通、通信、供电、供水、医疗保健、保安等基础设施的配置；旅馆、餐厅、商场、健身房、游泳池、网球场的格局，公园绿地系统的布局；行政管理、职员宿舍的位置选择等分析和比较。

（5）对各个方案进行社会、经济、技术的分析与比较

规划方案要进行投资可行性论证、社区影响的论证和规划方案的环境影响评价等分析研究，是乡村旅游规划可行性研究的内容。它虽然不是旅游区空间规划的核心内容，但社会、经济、环境论证确实是乡村旅游区规划成功与否的关键，起到一票否决的决定作用。

（6）选择出相对合理的推荐方案

通过对多个方案在乡村旅游区规划本身特征和方案可行性论证的比较，在众多方案中选择出兼顾多目标的优化方案作为最终方案。

（7）根据规划技术要求绘制一系列图纸

这些图纸包括现状图、分析图、资源调查与评价图、规划总图、结构图、分区图、功能图、产品策划图、市场分析图、游线图、交通图、水电基础设施规划图、服务设施规划图、环境容量图、土地利用图、环境保护图等。

（二）乡村旅游区空间规划功能布局

1. 规划要素配置原则

乡村旅游景区空间规划是为了保护、开发、利用和经营管理旅游景区，使其发挥多种功能和作用进行的各项旅游要素统筹和具体安排。一个功能完整的乡村旅游标准要包括硬件的规划，如区位、设施及旅游活动，也包括软件规划，如旅游服务接待、旅游价格、组织接待等。

（1）因地制宜原则

乡村旅游功能布局应充分考虑不同区域的资源环境承载能力、现有开发密度和发展潜力，在保证空间连贯性的基础上遵循相对集中性理念，尽可能将相似资源划入同一个分区，统一定位、综合开发。按照资源特点、地形地貌及综合特征、使用功能及开发现状等因素，合理地开发旅游配套设施、旅游项目的空间布局。在景点建筑物建设与布局上，因势利导，根据已有风貌营造整体氛围，突出民风、民俗、民情。

（2）游客满意原则

旅游区的一切经营活动都要建立在旅游者满意的基础上，从而获得最佳的经营效益。游客满意原则，就是要求在进行总体规划布局时，要以方便游客活动为出发点，旅游总体规划布局和功能分区中的旅游服务区、游览区、观光区都应尽可能为游客提供便利，提高旅游产品质量，使游客感到舒心。

（3）主题文化突出原则

突出当地主题文化是旅游区总体布局的重要原则。主题文化是一个旅游景区吸引游客的关键因素，因此，在对旅游区进行规划时，要通过总体布局把旅游景观、旅游吸引物，从内涵到环境与当地文化艺术结合完美地表现出来。它要求在规划中要充分考虑各分区之间的差异性，通过景观设计、项目安排、旅游产品打造等来塑造、凸显每一个功能区的旅游功能和主题特色，并围绕旅游发展主题充分整合利用富有特色的农业景观、原汁原味的生产生活方式和文化风俗等乡村旅游资源，各分区之间的旅游功能也要相互补充，围绕旅游区总体定位与发展方向进行互补开发，丰富旅游区的功能类型，从而烘托整个乡村旅游区的整体主题，让旅游者在食、住、行、游、购、娱的旅游经历中品味当地主题文化的风采和神韵。

（4）效益最大化原则

乡村旅游功能布局应充分考虑经济效益、社会效益、生态效益、社区居民致富等关系。通过乡村旅游区域范围内不同空间地域单元组合，注重维护生态平衡，保护景区内特殊的环境、保证旅游景区的游客接待量控制在环境承载力范围之内，保护景区内特有的人文旅游环境和真实旅游氛围，实现可持续发展，并通过为游客的游览、观赏、娱乐、休闲、购物等方面提供服务，促进区内农业、园艺业、旅游商品加工业等发展，提高旅游区社区居民在乡村旅游业中的就业率和经济收入，实现协调统一，取得多种综合效益。

2. 乡村旅游区空间布局模式分析

乡村旅游区空间布局是通过对土地及其负载的旅游资源、旅游设施分区划片，对景区进行背景分析，确定次一级旅游区域的名称、发展主题、形象定位、旅游功能、突破方向、规划设计、项目选址，从而将旅游六要素的未来不同规划时段的状态落实到合适的区域，并将空间部署形态进行可视化表达。空间布局模式一般依旅游地的主题而定，即这个旅游地要突出表现景区特色，但同时受当地地形条件的限制。常见的旅游景区空间布局模式有：

（1）同心圆空间布局模式

多见于国家公园，由内到外分为核心保护区、缓冲区和活动区。核心保护区是绝对保护的地带，只允许原生景观的存在，除了少数科研需要外，禁止人工建筑和任何旅游活动的开展。活动区往往远离核心保护区，是开展旅游活动的主要地带，景区游程的安排、旅游服务的提供都位于活动区之内。缓冲区是核心保护区与活动区之间的过渡地带，是旅游活动受到控制的地域，它的作用在于使旅游活动得以缓冲，从而不影响到核心保护区。

（2）组团式布局模式

组团式布局模式一般用于镇域或县域以上的区域乡村旅游规划，即旅游规划区域范围内各距离较远的片区根据自身拥有的乡村旅游资源情况形成独立的乡村旅游团组，各乡村旅游团组均有比较完整的旅游吸引物、旅游配套设施、旅游基础设施等。

（3）链式布局模式

多见于主要旅游资源和服务设施沿干线分布的乡村旅游区，该布局模式通常以交通道路、河流、峡谷等干线为轴线，根据资源分布情况、地域特点等将轴线两侧旅游资源、服务设施按旅游功能划分为若干个具体分区，形成一轴多区的空间布局模式。

（4）环核心吸引物布局模式

多见于对一般资源保护要求不高的景区依托乡村旅游区自然景观中的核心景观，酒店、餐馆、商店等旅游服务设施环绕其布局，设施与核心吸引物之间用道路相连，形成圆环。比如依托湖泊规划的环湖内聚式旅游区，往往以水域风光和水上运动为核心，或是依托矿泉、海滩，也可以是滑雪山地，布局重点主要是娱乐，之后是住宿，把包括疗养温泉、滑雪斜道网等设施布局在自然吸引物上或环绕其四周，其他设施及辅助服务都围绕这一中心而布局。

（5）环旅馆布局模式

缺乏明显的核心自然景点的旅游区，通过此种布局使得豪华旅馆成为核心，布局重点是旅馆的建筑风格和综合服务设施体系，为了增强吸引力，还应布局较多的景观和花草。

（6）野营地式布局模式

适用于景点分散、当地条件又不适宜兴建大型旅馆的旅游区，是以整个旅游区适当的划分为基础，兼顾功能互补性，重点是对旅游服务设施进行布局。野营地居住设施有小木屋、帐篷和帐篷式小木屋三种基本形式。往往可发展为具有民族特色的设施，如藏式小木屋、蒙古包、瓜棚式小木屋等。

3. 乡村旅游功能区

乡村旅游功能分区是在乡村地区范围内，以区域的现状格局即地形、土壤、植被等条件为基础，根据其本身的特点和适合开展的活动进行适当的功能分区。由于地理环境等因素的不同，乡村旅游区的规划也不尽相同。一般来说，绝大部分的乡村旅游区都分为旅游综合服务区、农业生产区、观景游览区、体验区、休闲游乐区和度假区六个功能区类型。

（1）旅游综合服务区

旅游综合服务区为游客接待服务中心和交通集散中心，是旅游基础设施与配套设施集中的区域。一方面，为游客提供各种热情而周到的服务；另一方面，也是乡村旅游区形象的集中展示地。

（2）农业生产区

农业生产区是用来生产乡村旅游区域范围内特色农副产品的功能区域，主要提供旅游所需的土特产品、特色旅游商品等。但有时会作为科普教育、学习考察的展示区，供游客参观、学习生产制作过程。

（3）观景游览区

观景游览区主要依托功能区范围内的自然景观、农业景观或特有的民俗文化景观，提供如农田花海观光、梯田观光、生态农业养殖观光、自然遗迹观光、名山大川观光、古民居观光等观光类旅游活动，让游客获得视觉上及精神上的享受和满足。

（4）体验区

体验区是乡村旅游区实现主体功能的重要区域，依托区域内独具乡村特色的旅游资源如耕田、庄园等，打造参与性强的乡村旅游体验项目，满足游客参与农事活动、体验乡村生活、感受浓浓的乡村气息的需求。该区域旅游项目设施建设具有明显的主题与村特色。

（5）休闲游乐区

休闲游乐区主要依托乡村旅游区各项自然与人文旅游资源，通过适当加工包装提供各种休闲娱乐旅游体验，通常作为乡村旅游区主体功能区的补充，其项目设置具有多样性的特点，能满足各阶层游客的不同休闲娱乐需求。

（6）度假区

度假区主要以休闲度假功能为主，通常设置在自然景观优美、生态环境良好的区域，围绕特定的乡村主题，通过配套食宿设施、娱乐设施的打造，为游客提供高档次的旅游度假服务。

除以上六种乡村旅游功能区基本类型外，乡村旅游区会因资源类型、规模、地形特点的不同而划分为类型各异的旅游功能区，以满足乡村旅游者丰富多样的旅游需求。

三、村庄整治与风貌保护规划

（一）村庄整治规划的任务和原则

1. 村庄整治规划的任务

村庄整治规划是指导和规范某地村庄村民点的旧设施和旧面貌的修建性详细规划，是结合村庄的资源环境，为促进乡村生态景观与人居环境协调，保护乡村地域和文化特色，推动农村的社会、经济和生态持续协调发展而对现有村庄各要素进行整体规划与设计的综合部署与具体安排，是村庄建设与管理的依据。当村庄规模较大、须整治项目较多、情况较复杂时，应对村庄的环境景观资源利用、环境景观类型特点、空间结构与功能布局、产业结构及经济状况、生产与社会活动、居民环境及生活要求等重点问题进行深入的调查和研究，编制村庄整治的专项规划。

2. 村庄整治规划的原则

（1）结合政策，科学规划

村庄整治规划应充分考虑国家政策和地方政府相关政策，衔接土地利用规划、城镇体系规划、镇总体规划及村庄布点规划等，结合村庄近、远期发展目标，科学制订，避免盲目大拆大建，在整治过程中充分利用原有用地，尽量不占用耕地和林地。根据需要为农民生产生活配置作业场地、公共设施和活动场地，促进村庄各项功能的合理集聚。

（2）征求民意，尊重农民

村庄整治规划必须充分发挥村民的参与作用，在整治规划过程中必须充分吸取广大村民的意见，尊重农民意愿、保护农民权益。明确农民的主体地位，规划方案必须通过村民会议或村民代表大会决议，严禁一切侵害农民权益的行为，并形成村民规约，建立有效的管理维护制度。

（3）因地制宜，符合实际

一切从村庄实际出发，结合当地的自然环境、地形地貌，因地制宜地进行村庄整治，避免超越当地农村发展实际，盲目照搬照抄城镇规划模式、模仿不同地理环境村庄的整治规划，而应探索出一条合适当地村庄整治发展的模式。

（4）保护生态，体现乡味

民俗文化是乡村景观旅游的重要"软件"之一，是乡村千年历史文化的积淀。村庄整治要突出乡土特色，保留原有村落格局，保护古建民居，展现民俗风情，弘扬传统文化。对具有历史文化价值和研究意义的物质和非物质文化要素，如古建筑、古树、民风民俗、传统工艺等，要传承和弘扬，体现乡土气息。

（5）精心布局，凸显特色

村落整体布局应结合地形地貌、山形水系等自然环境条件，延续传统肌理及空间格局，采用多样化的组织方式，处理好山形、水体、道路、建筑的关系，对村落进行精心布局，避免单调模式。并充分依托区位和资源优势，强化主导产业，鼓励发展特色、精品农业，倡导"一村一品""一村一特色"。

（6）远近结合，循序渐进

根据村庄当下发展情况，结合村民实际的生产生活需要，合理制定不同时期的整治项目和目标。因地制宜，完善村庄公共服务设施体系，优先解决农民最关心的问题，如给水、污水处理、垃圾处理等问题，并结合村庄经济可承受能力，循序渐进地进行项目整治，通过整治乱搭乱建、提升美化绿化等措施，逐步改善村庄生产生活条件和人居环境。

（二）村庄整治规划的主要内容

村庄整治规划的范围包括村庄建设用地范围内的所有公共用地环境空间及影响公共环境风貌或功能的建（构）筑物，如街巷建筑环境空间、公共场所、园林景观、历史文化遗产等。

1. 建筑风貌整治

保护历史建筑，整治旧房，统一住房格调，体现乡村风貌和地域特色，做到人畜分离、墙无残壁，形成比较好的整体建筑风貌，实现聚落稳定、有序、持续发展。新建住房要结合实施"造福工程"，引导集中建设"三统一体"（统一规划、统一设计、统一配套、特色明显）的村镇住宅小区，符合规划要求的零星建房。

（1）建筑整治原则

体现村庄乡土韵味，注重与环境的协调；强调地域文化的保留与传承；因地制宜，鼓励就地取材；技术与经济相结合，采用适用且易实施的技术手段。

（2）一般性建筑整治及提升性建筑整治

①一般性建筑整治。一般性建筑整治措施具有广泛适应性，可根据建筑的历史价值、建筑品质、与环境的关系、结构安全性等，采用不同的方法。

②提升性建筑整治。在一般性建筑整治的基础上，针对特色村庄、近城中村的重点区域以及村庄重点公共建筑等可采取相应的提升性建筑整治，制订特定建筑或建筑局部的相应整治方案，提升村庄风貌，使其具有示范意义。

2. 绿化风貌整治

尽可能保留现有绿化，以保护村庄历史文化风貌与环境；新增绿化鼓励采用可移动绿化、乡土树种形式；根据景点的功能地位和气氛不同，有针对性地补充多样化的绿化形式，构建树在林中、路在花中、房在树中、人在景中的绿色田园风光。

3. 配套设施整治

合理配套公共管理、公共消防、日常便民、医疗保健、文化教育安全饮水等设施，完善村内路网建设，包括硬化、平整、改良、提升现有村道，加强各村、各户之间的道路连接，满足村民基本的公共服务需求。

（1）道路风貌整治

村庄道路及交通安全设施整治要因地制宜，结合当地的实际条件和经济发展状况，充分利用现有条件和设施，从便利生产、方便生活的需要出发，凡是能用的和经济改造整治后能用的都应继续使用，并在原有的基础上得到改善。

（2）公共服务设施整治

规划建设信息完善、节约型的标识、休憩、照明等设施系统，各类设施小品的样式风格应与村庄环境、建筑协调，信息内容简明扼要，材料应以木质或石材为主，倡导废物循环利用、资源节约型设计。

（3）安全与防灾设施

村庄整治应综合考虑火灾、洪灾、震灾、风灾、地质灾害、雪灾和冻融灾害等的影响，贯彻"预防为主，防、抗、避、救相结合"的方针，综合整治、平灾结合，保障村庄持续发展和村民生命财产安全。主要包括保障村庄重要设施和建筑安全、合理设置应急避难场所、完善安全与防灾措施、生活用能设备四个方面的内容。

4. 环境卫生整治

（1）垃圾收集与处理

①整治生活垃圾。建立生活垃圾收集-清运配套设施。提倡直接清运，尽量减少垃圾落地，防止蚊蝇滋生带来二次污染。

②整治禽畜粪便。逐步减少村内散户养殖，鼓励建设生态养殖场和养殖小区，通过发展沼气、生产有机肥和无害化畜禽粪便还田等综合利用方式，形成生态养殖—沼气—有机肥料—种植的循环经济模式。

③整治农业垃圾。农业生产过程中产生的固体废弃物，主要来自植物种植业、农用塑料残膜等，应提倡秸秆综合利用，如采用可降解的树脂衣膜、堆腐还田、饲料化发酵等方式。

（2）整治排水设施

理清沟渠功能，弄清各类排水沟渠的功能，整治排水沟（管）渠及河流水系，建设一套污水收集管网并完善污水处理设施：城镇周边和邻近城镇污水管网的村庄应优先选择接入城镇污水处理系统统一处理；居住相对集中的村庄，应选择建设小型污水处理设施，相对集中处理；地形地貌复杂、居住分散、污水不易集中收集的村庄，可采用相对分散的处理方式处理生活污水。污水处理设施的处理工艺应经济有效、简便易行、资源节约，为避免污水处理产生的污泥对环境产生二次污染，还应对污泥进行合理处置，利用农村优势将其用于农业利用和林业利用。

5. 管理机制整治

结合村规民约的制定，建立健全农村社区（村庄）环境综合整治长效管理机制，配足规划建设执法和设施维护养护管理人员，落实长效管理经费，巩固规划整治建设成果。

（1）管理方面

①加强宣传动员。要加强宣传、全面动员，让群众感受到村庄整治变化与获得的好处。进一步提升村庄管理水平，最大限度地尊重群众意愿，最大限度地扩大社会参与面，使工作深入人心、氛围浓厚、获得群众理解。

②制定村规民约。引导制定农民群众普遍接受和遵守的村规民约。实行"门前三包"（包卫生、包绿化、包治安）责任制，细化垃圾处理、污水排放、公园绿地、公共设施等长效管理办法，以制度规范行为。

（2）人员方面

①村民成为主体，尊重和突出农民的主体地位，让农民担当村庄整治的决策主体、实施主体、受益主体，动员广大农民亲身参与到村庄环境的改善过程中，投工投劳自觉维护环境卫生。

②组建管护队伍。组建设施维护、渠道管护、绿化养护、垃圾收运、公厕保洁等队

伍，规划配足卫生执法人员，实现事事有人管、事事有人抓，保持干净整洁的村容村貌。

③注重长效管理。加强日常监控，定时间、定路段、定人员、包责任、强督查，做到行动有序、管理到位、群众满意。建立健全管护项目和管护队伍的专项管理制度，要尽可能明确要求量化标准指标，使村庄环境管理逐步走上规范化、制度化、长效化轨道，确保环境整治有成效、不反弹。

（3）经费方面

①落实经费来源。采取政府投入为重点和"一事议"的筹集资金办法，最大限度地减轻群众负担，保障运转经费采用多种投融资渠道，动员和组织社会各界尽其所能为村庄整治提供支持和服务，形成全社会支持、关爱、服务村庄整治的浓厚氛围。

②厉行勤俭节约。坚持有机改造、绿色改造，不大拆大建、大挖大变，能省则省、能简则简、能用则用，做到人尽其才、财尽其力、物尽其用。

③强调实用利民。注重配套设施的实用性，以群众所需、产业发展为出发点，加快完善各类配套设施。将环境整治与发展现代农业、乡村旅游等结合起来，将村庄环境整治与产业发展有效融合，促进农业增效、农民增收。

（三）村庄风貌的保护

村庄整治中的风貌保护，是对村庄聚落在历史的变迁中，大量历史遗产已遭破坏，未能进行较完整的古村落保护，应对尚存的局部的历史遗产和历史文化进行挽救性的保护，并做好保护规划。

1. 调查走访，做好遗存保护

每个村落和村庄无论其历史如何久远，都有着自身形成和发展的过程，在这历史进程中各个时期都有其历史遗存。在村庄整治中，要特别重视对各种遗存进行深入细致的调查分析和研究，凡能保存继续使用的建筑物，必须根据其安全质量和使用特点，认真研究，采取修缮、加固和整修等措施，严加保护。对古树名木严禁砍伐，并采取有效的保护措施，其他反映村庄风貌的广场、水流、古街巷也应严加保护。

2. 加强重点规划，传承历史文化

对于村庄中有代表性的重要节点、古建筑和以古树名木为主的休闲广场应在保护中进行重点规划设计，使其历史文化风貌得到保留和延伸。浙江省三门县亭旁镇的下叶村，在保护叶家祠堂和古街巷的同时，组织以原有村民交往的休闲空间为主的"十"字形绿化补充，既留住了历史文化，又加强了绿化系统的组织，使其展现出时代的精神。

3. 协调新旧建筑，形成地方面貌

在村庄的整治中，努力吸取传统民居的精华，创造适应现代生活需要、具有地方风貌

的住宅设计，并以此作为基本风貌，对已建的新建筑进行修缮和改造，使其新旧融为一体，形成各具特色的地方风貌。

4. 优化环境建设，融入自然环境

村庄的每一个聚落在历史上都遵循着我国传统建筑文化进行选址和营造，在适应小农经济条件下，形成依山傍水、独具特色的生态环境和田园风光。在村庄的整治和风貌保护规划设计中，必须弘扬这种融于自然环境的设计理念，使村庄与自然环境更好地融为一体。

四、休闲农业园区规划

（一）休闲农业园区的概念

休闲农业园可以定义为以农业为基础，以保护周边自然环境为前提，坚持可持续发展，结合区域内基础设施建设，适度开发农业资源，展现乡村独特的风俗文化，营造休闲农业景观，集休闲、娱乐、观光、旅游、科普、教育等于一身，为游人营造一个享受自然风光，释放生活压力的新型农业旅游综合园区。

（二）休闲农业园区规划设计内容

休闲农业园区规划设计成果包括项目建议书、可行性研究报告、总体规划、详细规划。不同的规划成果功能不同，具有不同的规划设计内容。

1. 项目建议书

项目建议书（又称立项申请）是项目建设筹建单位或项目法人提出的园区建设项目的建议文件，是对拟建园区提出的总体设想。园区项目建议书是项目发展周期的初始阶段相关政府部门选择项目的依据，也是可行性研究的依据。

2. 可行性研究报告

休闲农业园区可行性研究报告是园区建设投资之一，从经济、技术、生产、供销到社会各种环境、法律等各种因素进行具体调查、研究、分析，确定有利和不利的因素、项目是否可行，估计成功率大小、经济效益和社会效果程度，向决策者和主管机关审批的上报文件。

3. 总体规划

休闲农业园区总体规划是确定休闲农业园区的性质、范围、总体布局功能分区、总体定位、产品发展方向和设施布置，规定农业保护地区和控制建设地区，提出园区发展目标原则以及规划实施措施。休闲农业园区总体规划在内容上包括：分析休闲农业园区的基本

特征，提出园区内资源评价报告；确定休闲农业园区规划依据指导思想、规划原则、园区性质与发展目标，划定园区范围；确定休闲农业园区的功能分区结构、布局等基本框架，提出园区环境容量和游人容量，预测游人规模；制订休闲农业园区的农业资源保护、培育规划；制订休闲农业园区的旅游产品和市场营销规划；制订休闲农业园区的游憩景点与游览线路规划；制订休闲农业园区的旅游服务设施和基础设施规划；制订休闲农业园区的土地利用协调规划；提出休闲农业园区的规划实施措施和分期建设规划。园区总体规划的文件和图纸可根据园区规模、功能需要和现实可能确定。

4. 详细规划

在园区总体规划的基础上，对园区重点发展地段上的土地使用性质、开发利用强度、环境景观要求、保护和控制要求、旅游服务设施和基础设施建设等做出控制规定。详细规划分为控制性详细规划和修建性详细规划。

控制性详细规划内容应包括：确定园区规划用地的范围、性质、界线及周围关系；分析园区规划用地的现状特点，确定规划原则和布局；确定园区规划用地的分区、分区用地性质和用途、分区用地范围，明确其发展要求；规定各分区景观要素与环境要求、建筑风格、建筑高度与容积率、建筑功能、主要植物树种搭配比例等控制指标；确定园区内的道路交通与设施布局、道路红线和断面、出入口位置、停车场规模；确定园区内各项工程管线的走向、管径及其设施用地的控制指标；制定园区相应的土地使用与建设管理规定。

修建性详细规划是以总体规划、控制性详细规划为依据，制订用以指导各项建筑和工程设施的设计和施工的规划设计。在内容上包括：建设条件分析及综合技术经济论证；做出建筑、道路和种植区等的空间布局和景观规划设计、布置总平面图；道路交通规划设计；种植区系统规划设计；工程管线规划设计；竖向规划设计；估算工程量、总造价，分析投资效益。

（三）休闲农业园区规划功能布局

根据休闲农业园区综合发展需要，结合地域特点，应因地制宜，设置不同功能区。功能分区要尽量保持乡村风貌、农业生产环境、行政界线的完整性，合理组织各种功能系统，既要突出各功能区特点，又要使各功能区相互配合、协调发展，构成一个有机整体。

1. 入口区

入口区是用于游客方便入园的用地，游人在此换乘园内的游览车入园。大型休闲农业园区一般规划建设2~3个入口。主入口区包括入口大门、入口广场、入口停车场、服务建筑、导游牌、假山水池等。入口广场一般建成石块嵌草铺地的生态型广场，加强绿化效果。

2. 服务接待区

服务接待区用于相对集中建设住宿、餐饮、购物、娱乐、医疗等接待服务项目及其配套设施。入园后首先到达服务接待区，作为园内的过渡空间，游人将在此做短暂停留，做好入园的准备。此区可规划建设办公楼、游客服务中心、果品文化展示室、停车场等。

3. 科普展示区

科普展示区是为儿童及青少年设计的活动用地，将科学知识教育与趣味活动结合起来，具备科普教育、电化教育、住宿等功能。休闲农业园科普展示区可广泛收集、整理、保存、介绍园区内农作物的品种、栽培历史、文化知识，结合青少年的活动特点，将科学知识教育与趣味活动结合起来，进行知识充电和娱乐健身。

4. 特色品种展示区

特色品种展示区是各种不同的、具有当地特色的农业品种展示区，为观赏性较强的品种提供展示空间。区内对各种不同的果品栽培样式、不同的材料加以形式上的改造，形成形式多样、观赏性较强的园林景观。

5. 精品展示区

精品展示区即精品农业种植区，可满足高端层次观光采摘者的要求。精品展示区在展示精品农业的同时，还可结合传统的园林艺术设计手法和盆景艺术制作方法，利用廊架、篱架、棚架等不同样式的排列组合来分割、组织景观空间。

6. 休闲度假区

休闲度假区主要用于观光休闲者较长时间的观光采摘、休闲度假之用地。休闲农业园在合理的园区土地利用控制下可适当建设度假木屋、度假小别墅等住宿设施，延长游客在园区内停留的时间，增强休闲农业园的休闲度假功能。

7. 生产区

生产区是从事传统农业生产的区域，在园区其他功能区农产品供给量不能满足游客时可开放，生产区在景观建设管理方面比其他分区粗放。

（四）休闲农业园区规划建设

休闲农业园区规划建设应统筹规划，有计划地分期建设，为今后发展留有余地。

1. 交通规划

（1）对外交通系统

对外交通是休闲农业园区与外部空间的连接道路，是园区的入口和门户，在规划时要遵循快捷性、生态性、景观性等原则。外部交通的好坏直接影响客源数量。

（2）对内交通系统

内部交通系统在规划时，除保证疏通功能外，还要考虑有良好的视觉观赏效果，因此，其规划主要是在顺应地形、地貌现状的基础上理顺道路关系；控制合理的道路宽度，在保护生态环境的基础上满足游客通行；尽量利用已有的道路，以降低对环境的影响，减少开发成本。道路的形状、色彩、质感等都应与周围乡村景观相协调，突出乡土特色。

2. 景观游览服务设施

景观游览服务设施建设应与旅游观光规模和旅游观光需求相适应，高、中、低档相结合。其选设应有利于保护景观，方便旅游观光，为游客提供畅通、便捷、安全、舒适、经济的服务。休闲农业园区景观游览服务设施主要有园门、园路、园垣、园桥、园灯、园椅、公共厕所、饮水台与洗果池、凉亭与园舍、垃圾桶、绿廊、植物景观等。

3. 旅游服务设施

（1）餐饮设施

休闲农业园区餐饮服务点和布局，应按照游览路线和园区实际条件加以统筹安排，凡是不靠近风景区或民俗村的园区，均宜设置餐饮服务设施。餐饮建筑除供游人进餐外，造型应新颖、独特，与乡村自然环境相协调；餐饮建筑设计，应内外空间互相渗透，与园区景观相融合。餐饮建筑的体量和烟筒高度不应破坏原有景观和环境。

（2）住宿设施

休闲农业园区的住宿服务，应根据游客规模和需求，确定接待房间、床位数量及档次比例。根据休闲农业园区总体布局，确定建筑的位置、等级、风格、造型、高度、色彩、密度、面积等。

（3）标识、解说设施

休闲农业园区规划布局中，应在各种不同观光区域的显著位置设置标识、解说牌等。标识、解说牌应起到改善游憩体验、增进游客安全、避免意外灾害、阐释科普知识、宣传经营政策理念的作用。解说系统设计都应该以人为本，充分考虑到公众和旅游者的需要，通过系统、生动、有效的解说设施与服务，提高旅游者的游览质量和园区服务与推销效果。解说标牌的制作要精美，使其成为园区一道独特的景观，材质选用木质及大理石材质，与园区的整体环境相协调。牌示解说系统包括引导指示标识、公共信息标识。引导指示标识包括全区导游图、标识牌、景点介绍牌等。

第二节 乡村旅游形象设计

一、乡村旅游形象的内涵

(一) 形象与旅游形象

1. 形象的内涵

形象是客观事物的存在（包括其存在形式和由此引发的现象和关系）在人脑中的反映，具体而言，它包含以下两个方面的含义：

第一，形象是一种具体的形态、形状模样，是事物的外在特征，是有形的、可描述的，是一种客观的物质存在，具有客观性。

第二，形象是通过人的主观感受体现出来的，人是形象的感受者，具有主观性。

综上所述，形象具有客观性和主观性的双重属性。客观事物总是不断发展变化的，其外部特征也会随之变化。于是，客观事物的形象也是会发生变化的，由此可知，形象还具有可塑性。正是因为形象具有可塑性，其策划和设计才具有可行性。

2. 旅游形象的内涵

(1) 旅游形象的含义

旅游形象是指旅游区域内各种旅游资源、设施、服务、管理、环境以及区域内的社会、经济、文化等给予旅游者的综合感知和印象。

(2) 旅游形象的分类

旅游活动是一项包含了社会、经济、文化、政治等多重属性的综合现象，包括了旅游地形象、旅游企业形象、区域旅游形象等众多层面的内涵。

旅游地是指一定地理空间上的旅游资源同旅游专用设施、旅游基础设施以及相关的其他条件有机地结合，旅游地是综合的概念，是旅游者旅游活动的基本依托。旅游地形象一般认为是旅游者、潜在旅游者对旅游地的总体认识、评价，是对目的地社会、政治、经济、生活、文化、旅游业发展等各方面的认识和观念的综合，是旅游地在旅游者、潜在旅游者头脑中的总体印象。

旅游企业主要包括饭店、旅行社、旅游交通企业、景区（点）及娱乐场所的经营公司等。旅游企业形象指的是人们对旅游企业特征和运行状况的总体反映。

（3）旅游形象的构成

旅游形象涉及面极为广泛，是一个多层次、多结构的复杂系统，它由许多因素构成。从总体来看，一般可以划分为硬件要素系统和软件要素系统。

①硬件要素系统。硬件要素是旅游形象树立的基础，是旅游形象的物质支撑。没有良好的硬件要素，难以树立良好的旅游形象。从旅游地角度看，硬件要素系统主要由旅游资源、旅游环境、旅游基础设施等构成。在这几种要素中，旅游资源是关键因素，旅游资源是最直观的可以吸引游客的东西，其好坏对旅游地的影响是最为直接的。质量较高的旅游资源有利于旅游地树立良好的旅游形象。

②软件要素系统。旅游业属于服务业的范畴，旅游产品属于服务产品。服务产品与工业、农业所生产出来的物质产品或商品之间最根本的区别在于"物质产品是制造出来的，而服务则是通过行为表演出来的"。旅游产品实质上是各种旅游企业为旅游者提供的设施和服务。或者更准确地说，是各种旅游企业借助一定的设施或条件所提供的服务。而这里的服务，是指旅游企业的工作人员借助一定的设施及使用一定的手段，向旅游者提供的各种直接的便利和间接的便利的总和。因此，可以认为旅游从业人员是构成旅游形象最重要的软件要素之一。

（二）乡村旅游形象的含义、特点和分类

1. 乡村旅游形象的含义

乡村旅游形象指的是某一个乡村旅游目的地的各种旅游资源以旅游产品的方式被游客和公众所看到。乡村旅游形象很大程度上可以代表社会大众对于该地特点的概括和评价，乡村旅游形象也是自己区别于别地的一个重要标志。

2. 乡村旅游形象的特点

（1）地域性

乡村是乡村旅游形象的唯一载体和实体依托，无论对于旅游者还是旅游营销者，乡村旅游形象首要的空间地域概念是乡村。同时，乡村受空间分布规律影响，具有地域差异，表现出地域性特征。这种地域性特征是乡村旅游形象个性化形成的基础，也是乡村旅游形象地域差异产生的基础。

（2）整体性

乡村旅游形象是由内外各要素构成的统一体。从内部要素看，它包括乡村旅游目的地文化、资源特征、民俗节庆、农事活动等；从外部看，它包括公众对乡村的认知、兴趣、信赖等，这两者之间密不可分，由此构成了内涵丰富、有机联系的整体的乡村旅游形象。

（3）综合性

从内容看，乡村旅游的形象内涵丰富，是多种因素相互影响、相互制约，主观因素和客观因素共同作用下形成的心理感知综合体，具有有形和无形双重特征，主要表现为内容的多层次性和心理感受的多面性。从时间层面看，乡村旅游形象形成过程可划分为三个阶段的形象，即原生形象、次生形象和复合形象。从感知要素层面看，是旅游者对乡村旅游目的地的旅游资源、旅游产品、乡村环境、乡村社会经济、乡村风貌等诸多要素的综合感知。旅游者的个性差异导致对乡村旅游形象的心理感受呈现出差异性和多面性。

（4）稳定性和可变性

乡村旅游目的地形象一旦形成，在相当长的一段时间内很难在人们心中淡化，形象是一种经验积累和理性认识的过程。某一乡村旅游目的地由于其资源特色与市场定位，使得其旅游形象相对稳定。而随着市场的变动，旅游者求新求变的心态，使得乡村旅游形象在一定程度上需要主动地稳中求变，带给旅游者新的理念、新的创意，由此吸引和满足不同旅游者的需求，人们的思维、认识也是随着外部环境的变化而变化的，思维中的某地乡村旅游形象也会随之而变化，或越变越好，或越变越差。乡村旅游需要不断创新目的地旅游形象，在创新过程中，保持旅游目的地形象的相对稳定性。

（5）传播性

乡村旅游形象需要借助大众传播媒介和渠道进行传播，这种传播一般分为有意识传播（乡村旅游开发主体或旅游企业积极主动地推广与宣传）和无意识传播（旅游者，公众的人际传播、大众媒体报道）。现代社会，人们通过接收大众传媒的信息而感知世界，对乡村旅游形象的感知除了亲身经历体会之外，更多的印象来源于大众传播媒介所传递的信息。乡村旅游形象在传播的过程中构建和形成。

（6）战略性

树立乡村旅游形象的目的是提高旅游目的地知名度，从而增加经济效益、社会效益和环境效益，实现这个大目标的过程便是乡村旅游形象战略化的表现。在社会化媒体环境的当今社会，口碑和品牌成为企业和地方经济在激烈竞争中取胜的重要因素，乡村旅游目的地要在激烈的竞争中取得良好发展就必须着眼全局，倡导战略部署，走乡村旅游形象战略之路。

3. 乡村旅游形象的分类

通常认为，乡村旅游形象由以下三个部分组成，即乡村旅游原生形象、乡村旅游产品与服务形象和乡村旅游的社会形象。

（1）乡村旅游景观形象

乡村旅游景观不同于城市旅游景观，主要包括各种自然景观、人文景观、乡村布局、乡村标志等，是乡村旅游的主导吸引因素。不同的主题呈现出来的景观形象差异较大，如以观光农业为主的农业种植景观，以休闲生态为主的休闲农业旅游。

（2）乡村旅游产品及服务质量形象

乡村旅游产品同样包含旅游产品的六要素，即吃、住、行、游、购、娱六方面，围绕这六要素所体现出的服务水平、从业人员素养是乡村旅游形象的核心内容。

（3）乡村旅游社会形象

由于我国城乡二元结构给公众所带来的刻板印象，乡村在部分公众心目中还停留在落后、偏僻等层面。因此，游客在旅游过程中所体验和感受到的当地社会生活的各个层面的状况，包括基础设施建设、村民的精神面貌、社会风气、风俗习惯和村民对旅游者的态度等反映了乡村整体的生态、文化与文明。因此，乡村旅游社会形象在乡村旅游形象资源中占有举足轻重的地位。

二、乡村旅游形象的基础性设计与显示性设计

（一）乡村旅游形象的基础性设计

旅游形象设计的前期基础性研究是旅游形象设计的首要工作，此过程包括以下两个方面的内容：

1. 地方性研究

因为乡村旅游形象具有地域性，所以，进行地方性研究是非常必要的。具有地方性是一种地域分异的体现，而地域分异规律实际上表现出一种地域性特征，这种地域分异除了在自然景观方面有所表现外，也体现在人文景观方面。一般而言，地方性越是独特，在设计旅游形象的时候，就会有更多的地方特色被挖掘出来作为设计的要素，这些独特的地方会让其旅游形象更为鲜明。下面从研究内容和研究方法两个方面展开论述。

（1）研究内容

任何旅游地都有其独特的地方特性，这种地方特性被称为"地格"。"地格"的形成类似于人格的养成，不仅要有先天的基础，而且后期的孕育也是非常重要的。对于地格而言，先天的基础就是该旅游地与生俱来的自然地理环境，而在这个地理环境中滋养的历史文化和各种风俗也对其产生了深远持久的影响。

（2）研究方法

在旅游形象设计中，旅游形象地方性研究实际上属于旅游地资源的分析。对旅游资源做出客观、科学的评价是旅游形象设计的前提和基础，只有正确认识到地方旅游资源的地方特色，才能从中挖掘出有助于地区塑造旅游形象的要素。

①体验性评价方法。体验性评价方法，顾名思义，就是指基于评价者对评价客体的质量体验而做出评价的方法，其又可细分为体验评价和美感质量评价两种。体验性评价方法是一种定性的评价方法。一般而言，评价者（主要指旅游形象的设计者）需要去旅游地当地对旅游资源进行详细的考察，在考察之后通过自己的分析，然后凭借自己的经验知识，对旅游地的资源做出有依据的结论性描述。

②定量性评价方法。除了体验性评价外，还可以将旅游资源定量的评价引入旅游形象基础性研究中，作为地方旅游形象的参考。定量性的资源评价对象主要是区域内现有的旅游景区、景点。通过根据指标内涵分别赋分，对乡村旅游地的旅游资源和景观资源进行等级划分，有利于对乡村地区重点旅游资源的把握，从而从总体上把握该区域的整体旅游形象。

地方性研究深刻地揭示了乡村旅游地的资源特色和文化背景，从总体上把握了乡村旅游地的"地格"。

2. 受众调查

构建乡村旅游形象，最主要的目的就是向潜在旅游者推销旅游目的地，通过乡村旅游形象的传播，让旅游者对该地的地方特色有一定的了解，勾起他们的旅游欲望，促使其产生旅游动机。因此，有必要了解旅游者对某地的认知情况，只有了解了他们的认知情况，才能确立正确的乡村旅游形象。

在进行受众调查时，一般包括以下三点内容：

（1）知名度和美誉度

知名度和美誉度是旅游者关于旅游地印象的定量性评价指标。其中，知名度是指真实和潜在旅游者对旅游地识别、记忆的状况，需要明确的一点是，知名度本身并没有好坏之分，但不管是好的还是坏的都可能提高旅游地知名度；美誉度则指真实和潜在的游客对旅游地的褒奖、赞誉和喜爱情况。

（2）旅游形象要素调查

旅游形象对旅游者的旅游决策有着重要的意义，在旅游者的决策过程中，不同决策阶段旅游者的决策依据有所不同。在此项调查中，主要了解旅游地在旅游者心中是怎样的形象，包括哪些内容、旅游者为什么会形成这样的印象等内容。通常通过对受众的问卷调查进行。

（3）形象替代分析

形象替代分析又可以称为"竞争者分析"。在乡村旅游形象设计中，一方面，要对竞争者进行分析，要对竞争的大环境有所了解，同时也要对自身和其他竞争者的优劣势有足够的了解；另一方面，也是较为重要的一点，就是一定要突出乡村旅游产品的差异性，通过乡村旅游形象表现出乡村旅游地的特色。

旅游形象替代也叫旅游形象遮蔽，主要表现为两种形式：一种是高级别的区域形象替代低级别的地点形象，即"背景形象替代"；另一种是以比较著名的地点形象替代地区形象和地段形象，即"前景形象替代"。

旅游竞争分析时需要考虑的内容，即对下列因素进行比较评价：

第一，自然旅游资源，如气候、水文、山川。

第二，文化和历史资源，如历史纪念地、博物馆、传统节日和风俗等。

第三，基础设施，如道路网络、水的供应、通信设施等。

第四，交通设施，包括进入的方式及旅游区内的交通设施。

第五，吸引物与旅游设施，如休闲设施、住宿、饮食等。

（二）乡村旅游形象的显示性设计

乡村旅游形象的基础性设计已经完成了乡村旅游形象设计的前期准备工作，在接下来的工作阶段中，需要对乡村旅游形象进行显示性设计，基本内容包括以下几个方面：

1. 形象定位

随着近年来我国旅游业的迅猛发展，旅游者可选择的旅游地日益增多，除了已经颇负盛名的经典景区之外，还兴起了很多新的旅游景区，旅游地之间的竞争也日益激烈。与此同时，随着新媒体技术的发展，人们的娱乐活动越来越丰富，一定程度上对旅游业的发展造成了较大的冲击。因此，旅游地必须对其旅游形象进行定位，对自身的优势进行挖掘，并将其打造成自身独有的吸引力。

（1）定位原则

乡村旅游形象定位的原则有：以自然资源和人文资源为基础，顺应文脉原则；个性化原则，充分且合理、有效地挖掘地方特色，做到"人无我有、人有我优、人优我新、人新我奇"；市场导向原则，只有符合市场需求的才是最好的；时代特色原则，时代在变化，定位一定要与时俱进，不要被时代所淘汰。

（2）定位方法

旅游形象定位是旅游形象设计的前提，它为旅游形象设计指出方向，具体的旅游形象定位方法有以下几种：

①领先定位。领先定位就是要将自己定位于行业的顶端，要做就要做到最好，一般而言，领先定位适合独一无二、不可替代的乡村旅游资源和产品。

②逆向定位。这种定位强调并宣传的定位对象是旅游者心中第一位形象的对立面和相反面，通过这种逆向的定位吸引旅游者的注意，开辟一个新的易于接受的心理形象阶梯。

③空隙定位。空隙定位是在区域内有众多的乡村旅游目的地而且定位各不相同的情况下，对旅游者心目中已有的根深蒂固的形象类别进行分析，从众多的形象类别中发掘之前从未出现过的形象，树立全新的形象阶梯。

④重新定位。重新定位是乡村旅游目的地采取的二次定位策略。重新定位与空隙定位不同，它不是要去发现新的东西，而是在固有的资源基础之上，通过改善甚至是颠覆，重新以新的形象展现在游客面前，原有形象被淘汰掉，塑造了新的形象，以产生新的号召力和吸引力，使乡村旅游目的地再次焕发活力，增强其吸引力。

2. 形象设计与策划

（1）理念设计

乡村旅游形象设计是一个有机的系统工程，而在这个工程中，最为关键的就是其理念的设计以及实施。乡村旅游目的地的理念设计在一定程度上涵盖了乡村旅游的基本发展思路，是所有后续工作的指导。与此同时，理念设计会关系到乡村旅游发展道路上一些长期的具有决定性的选择，如是要追求一种长远的发展能力还是要进行资源的大量开发，是要将城市文化吸收融合进来还是保持乡村文化的原汁原味，是要走上城市化道路还是维持现有的产业结构，等等。

乡村旅游理念设计所要做的就是把其确定的理念通过精炼和有趣的语言、形象的图片甚至是活泼的三维动画或电影等各种形式建立理念口号和传播理念内涵，然后在乡村旅游相关利益者中间加以传播，这样，乡村旅游的发展战略就确立下来了。

（2）行为设计

乡村旅游形象的行为设计是理念设计的动态传播和识别，其指的是整个乡村旅游的具体开发和运营活动，其涵盖的内容非常广泛，不管是内部的行政还是外部的管理，都有涉及。简单来说，就是通过具体的行动来塑造目的地整体形象。乡村旅游形象的行为设计必须满足以下要求，才能实现理念的准确传播：

第一，行为设计应当易于操作，要更多地考虑行为主体的现实情况。

第二，理念设计一旦确定就具有稳定性，但是行为则要求在理念的指导下不拘一格。

第三，行为设计应当足够全面。

（3）视觉设计

乡村旅游形象的视觉设计是乡村旅游形象理念在视觉上的表达和扩展，是乡村旅游形象体系中最直观、最易于被感知的内容。视觉设计大致可从以下几方面着手实施：

①乡村旅游地名称。乡村旅游地名称不仅要体现出当地的资源特色或旅游活动内容，而且要体现差异性，表达清晰的诉求信息。

②乡村旅游标志。乡村旅游标志通常包括乡村旅游吉祥物、乡村旅游地标准色等方面内容。乡村旅游标志旨在加深游客对旅游地的认识，以强化旅游地的视觉形象，加深乡村旅游地形象。

③乡村旅游地户外广告。乡村旅游地户外广告一般都具有非常强烈的视觉冲击，广告效果是非常明显的，可以设计得醒目一点、个性一点。

④乡村旅游地纪念品。乡村旅游地纪念品一般都是极具当地乡村特色的物品，可以是工艺品，也可以是食物，这些一般都会被游客带回给家人或朋友，因此，是乡村旅游形象口碑传播的重要载体。

⑤乡村标志性建筑。乡村标志性建筑与城市建筑具有很大的不同，一般而言，都具有极为深刻的历史文化意义。一座古桥、一条古老的青石板路甚至是传统的山墙民居，都能成为一种标志性建筑。这种建筑与大小无关，只要有文化、有故事，能够引发游客的情感共鸣，那么加以包装就能成为乡村的标志性建筑。

3. 形象传播与推广

旅游形象设计的目的在于使更多人认知旅游地，旅游形象如果不能有效地传播和推广，就不能实现旅游形象设计的根本目标。因此，在设计出旅游形象后必须考虑该形象的传播和推广，只有被更多人认识的旅游形象才是成功的旅游形象设计，因而，旅游形象的有效传播具有极为重要的意义。

（1）乡村旅游形象传播与推广的渠道

乡村旅游形象的传播和推广渠道主要有以下三种：

①媒体广告。形象广告的媒体可分为大众传媒（报纸、杂志、电视广告等）和特定媒体（户外媒体、电波媒体、印刷媒体等）。形象广告以乡村旅游地独特的景点风光和奇异的乡村旅游文化为诉求点来吸引潜在游客，促使他们产生出游动机。一般来说，乡村旅游形象的传播应以大众传媒广告为主，特定媒体广告为辅。电视媒体以其直观性、实时性、普及性而成为当前效果最好的形象广告载体。但电视媒体广告费高，可考虑选择主要目标游客群体所处的地方，在适当时期进行电视广告宣传。另外，还可以利用广播、报纸、杂志以及多媒体展示系统、电子滚动屏幕和路牌形象广告、礼品广告、纪念品及旅游商品广告、交通及旅游点票据广告、直邮广告等相对廉价的媒体进行乡村旅游形象广告宣传。

②公关活动。公关活动主要是指旅游地通过各种方法和手段协调与公众的关系，并通过双向的信息交流，使旅游地在公众心目中树立良好形象，以达到旅游形象的传播，提高

旅游地知名度、美誉度。一般采用庆典活动的方式进行，如旅游交易会、旅游展览会、周年纪念、庆功表彰、重要仪式等。

③节事（庆）活动。乡村节事（庆）活动是一种融参与性、观赏性于一体的特殊的旅游形象传播手段。举办具有地方特色、民族特色的乡村旅游节事活动对建立和传播乡村旅游地形象有非常重要的意义。要选择一些特色鲜明、具有标志性特征的节庆，使这项活动真正成为旅游地形象的指代物。

（2）乡村旅游形象的传播方式

乡村旅游形象的传播方式可以分为以下三种：

①政府主导型模式，是指在政府的统一领导之下，旅游企业、旅游相关行业、专家学者以及社会公众共同参与旅游地形象传播工作，各自发挥自己的职能和优势，在这个过程中，要突出政府的主导性特点。

②政府参与型模式，是指政府、旅游企业、相关支持行业、专家学者、社会公众在相对平等的位置上，以某种类似合约的方式，发挥各自特长、各负其责，共同参与旅游目的地形象传播工作。在这个过程中，强调的是参与各方的平等性，并没有谁占据主导地位。

③政府辅助型模式，是指在政府营造良好旅游目的地形象传播环境的条件下，旅游企业、相关支持行业、专家学者和社会公众通过各自努力自发参与旅游目的地形象传播。在这个过程中，政府主要起到一个协助的作用。

第三节　乡村旅游与生态环境保护

一、生态旅游环境概述

对于乡村旅游而言，环境是其依附的基础，没有高质量的生态环境，也就谈不上乡村旅游的发展。

（一）生态旅游环境的内涵

环境是一个内涵和外延都非常丰富的概念。从一般意义上讲，环境就是指环绕某一中心事物的周围环境，亦即围绕某中心事物的外部世界的总称。

旅游环境是以旅游活动为中心的环境，是指旅游活动得以存在、进行和发展的一切外部条件的总和，是旅游业赖以生存和发展的前提和基础。旅游环境还包括人文旅游环境。

生态旅游环境则是以某一旅游地域的旅游容量为限度而建立的旅游环境，是使旅游环境与旅游发展相适应、相协调，使自然资源和自然环境能继续永续利用，使人文环境能延续和得到保护，创造一种文明的、对后代负责的旅游环境。

（二）生态旅游环境的特点

生态旅游环境是旅游环境的重要方面，既有与旅游环境共同的地方，又具有自己的特点，概括起来有以下三个方面：

1. 服务性

生态旅游环境作为综合性的生态系统，其所具有的最基本特点就是生态系统的服务性。生态系统服务的类型主要有调节服务、文化服务和支持服务三种。其中，生态系统的调节服务主要包括大气成分和气候调节、水循环调节、水质净化、有毒物质降解和废弃物处理、疾病控制、有害生物的控制和自然灾害控制等。文化服务主要包括文化多样性和特有性、教育、知识体系、美学价值和灵感、文化传承价值、休闲娱乐价值。支持服务主要包括初级生产力、氧气产生、土壤形成和保持、传粉、营养元素循环。

2. 资源性

生态旅游环境也具有资源性的特点，主要表现在以下三方面：

第一，生态旅游环境容量的有限性表明了资源的稀缺性，如旅游者对草地等植物的直接践踏，破坏了野生动物生存环境而导致的物种迁移等。

第二，生态旅游环境能产生价值表明了资源的有效性。通过旅游开发既可产生经济效益，又能产生让人们缓解紧张情绪、消除疲劳、健身求知等社会效益，促进社会、经济、资源、环境的协调发展。

第三，生态旅游环境的系统性表明了资源的层次性和整体性。生态旅游环境的层次性反映了生态旅游环境的结构和功能，反映出生态旅游环境一定的资源价值性。同时，生态旅游环境也是作为系统存在的，是相互制约、相互联系的一个整体（各个子系统也是相对独立的整体）。

3. 容量有限性

在一定时期内，一个生态旅游地开展生态旅游活动后，如果达到或者超出了极限容量，长此以往就会导致生态旅游环境系统的破坏。所以，一个生态旅游环境系统的容量应该是有一个限制的，也就是说，超过某一阈值，生态旅游环境就会遭受破坏，其系统功能就难以发挥；如果低于这一阈值，就会导致投入产出比太低，存在是否值得进行旅游开发的问题。要注意的是，生态旅游环境容量并非一成不变的，随着生态旅游环境系统中的某一个或某几个要素发生变化会产生一些变化。如一个生态旅游地开辟了新的生态旅游景区，增加了新的生态旅游项目等，生态旅游地的旅游环境容量也就会随之变大；如果一地生态旅游环境因污染、战争、自然灾害等种种原因而发生了恶化，其生态旅游环境容量就会减小。

（三）　生态旅游环境承载力

生态旅游环境承载力应该是生态旅游活动区域内生态系统所能承受的最大生态旅游活动强度。或者说，生态旅游环境承载力是资源和功能的最大自我恢复能力。

1. 生态旅游环境承载力的基本特征

（1）时空分异特征

从时间分布上看，旅游活动具有季节性。由于旅游区的自然生态环境因子、社会经济因子、当地居民的心理因子和管理的适宜性等都随着时间的变化而有规律地变化，因此，生态旅游资源空间承载力、经济承载力、社会心理承载力也都随着时间的变化而变化。

从空间分布上看，自然生态环境的生态恢复力、敏感性等特征存在空间差异，社会经济环境和社会心理也存在区域性差异，因此，以其为基础的生态旅游环境承载力也具有空间分异特征。

（2）可控性因素与不可控性因素并存

生态旅游环境承载力具有可控性因素与不可控性因素并存的特点，在生态旅游环境承载力之中，资源空间承载力、社会心理承载力刚性大、弹性小，较难调控；而经济承载力、环境管理承载力弹性较大，调控较容易。因此，生态旅游环境承载力增长的瓶颈通常是资源空间承载力与社会心理承载力。

2. 生态旅游环境承载力的类型

（1）生态承载力

生态承载力是指在一定时间内旅游区的自然生态环境不致退化的前提下，所能容纳的旅游活动量，也指生态容量。一般生态环境系统都有一定的纳污自净能力，所以，生态容量的计算取决于一定时间内每个游客所产生的污染物数量及自然生态环境净化与吸收污染物的能力。

（2）设施承载力

设施承载力是以发展因素作为评估参数，利用如停车场、露营区等人为设施的供给量所得出的值。

（3）社会承载力

社会承载力分为旅游感知承载力和社会文化承载力两种。感知承载力是指环境空间不致使旅游者产生拥挤感所能容纳的最大旅游活动量。社会承载力中一个重要的内容是从当地居民角度考虑的社会文化承载力。只有旅游目的地的居民与旅游者双方共同接受和满意的人流量，才是旅游地合理的环境容量。

（四）生态旅游的良性环境影响

1. 生态旅游促进区域环境改善

第一，促进生物，尤其是珍稀濒危生物的保护。生态旅游的发展不仅靠经济效益来增加对自然保护的经济支持作用，还增加了人们对生物资源的认识，增强了对生物资源的法律保护。生态旅游是一种可持续旅游，它在满足旅游者需求的同时，也会兼顾当地居民的利益，从而会使当地居民的观念发生转变，尤其是生态旅游给当地带来实际收益时就更是如此。珍稀濒危生物主要分布在自然保护区和自然保护点上，是在人类影响自然生态环境状况下遗留下来的、不可多得的"自然遗产"。由于其生态系统保护良好，景观及环境的美学价值、科学价值高，为人们进行生态旅游提供了极佳的资源与环境。如当地居民不再伐木、打猎，而通过开展森林生态旅游、观赏野生动物等，来维持生存和获得一定的经济收益。

第二，促进水体保护和水体污染的治理。水是自然界中最活跃的物质，是天然景观的基本造景条件，许多风景要靠它来点缀和哺育。水还可美化、绿化环境，改良气候，为旅游发展提供丰富多彩的资源条件。而旅游的开发在一定程度上又对水体保护和水体污染治理起到了良好的促进作用。

第三，促进大气环境保护和治理。洁净的大气本身对旅游者就有较强的吸引力，也是旅游环境质量较高的一种体现。大气的污染将会影响旅游区旅游功能的发挥，为此，各旅游地对大气环境极力进行保护，对大气污染进行治理。

2. 生态旅游促进区域经济发展

第一，推广绿色经营，开展创建绿色饭店，推广绿色消费的活动；提倡低能源、无污染的交通方式等，促进旅游产业的绿色化，保障旅游业的可持续发展。

第二，提高生态旅游地域知名度，改善投资环境，产生名牌效应，增加无形资产，为社会经济发展提供契机。

3. 生态旅游促进区域社会进步

第一，增加了就业机会，稳定了社会秩序。生态旅游是兼顾当地居民利益的可持续旅游形式，可解决当地居民的大量就业问题。

第二，提高了人们对可持续发展的认识，让人们自觉接受可持续发展理念，促使人们从被动保护生态旅游资源和环境转变为积极主动保护生态旅游资源和环境，为社会经济可持续发展奠定基础。

第三，生态旅游者热爱自然、保护自然，潜移默化地影响提高了生态旅游区居民的素质，提高了当地居民生态保护的自觉性，使其自觉改变生产方式、生活方式等，促进了生态旅游区居民文明素质的提高。

第四，生态旅游要求较高的管理技能水平，要求充分运用高新技术进行管理，使其管理技能和水平得到迅速提高。

第五，促进生态旅游区民族文化的发展。生态旅游中民族文化生态旅游的发展促进了民族文化资源的挖掘、整理、继承、保护和发扬，实现了民族文化资源的价值，促进了区域文化生态的发展。

二、乡村旅游与农村生态环境的互动关系分析

现代乡村聚落是社会主义新农村建设的重要组成部分，是具有中国现代意义上的新型村镇建设，是中国城乡一体化过程中不可替代的一环，无论在空间层面上还是内涵层面上都应该独具特色。在 21 世纪的今天，建设社会主义新农村的重大决策为农业旅游在我国农村更好、更快地发展开辟了广阔的天地。

乡村生态旅游环境的内涵是指乡村生态旅游活动赖以开展的乡村自然生态环境和乡村人文生态环境。在地方乡村旅游发展过程中，根据生态环境"尺度"的不同，可以把乡村旅游生态环境划分为宏观生态环境和微观生态环境两个部分。宏观生态环境是指反映乡村特色的大尺度的景观以及这些景观在乡村地域的整个空间结构和格局，如地形地貌、海拔高度、区位、环境地质灾害、土壤母质类型、气候生产潜力属性、有无河流、农村用地结构等。微观生态环境是指由乡村的人居环境，包括村容村貌、旅游接待设施卫生状况、建筑材料和风格、旅游设施的形象标识等要素形成的具体物化生态环境。随着乡村旅游产业的不断发展，越来越多的人认识到，良好的生态环境是发展乡村旅游的重要物质基础，乡村旅游业的健康发展又会对生态环境产生积极的影响，二者是相互促进、辩证统一的。和一般旅游环境一样，乡村生态旅游环境应明显高于、优于一般乡村环境质量，乡村生态旅游环境在时间和空间上具有较强的变化性。不同的季节，乡村出现不同的耕作景观和作物景观；不同的土地类型，分布有溪流、池塘、水田、旱地，景观丰富程度较高。

（一）促进乡村旅游参与者生态环保意识的提升

对政府与乡村社区居民来说，良好的环境能吸引更多的旅游者，也将为当地带来更好的经济效益和社会效益。因此，为了促进乡村经济发展和农户就业增收，作为利益相关者

的地方政府和社区居民自然会高度重视乡村旅游资源和自然生态环境的保护。

对游客来说，在旅游活动过程中也得到了相应的生态环境熏陶和感染，在乡村自然生态环境中，导游员的生态解说、景区各类生态环境保护标识的醒目提示、生态保育守则等，都会加深游客对生态环境保护重要性的认识，对生态责任和生态伦理意识的认知。

（二）促进乡村环境面貌的改善

很多省份都在积极主动探索并建设具有本土特色的美丽乡村，而运用生态文明的理念推动美丽乡村建设就是最有效的途径。受提升乡村旅游竞争力和经济效益驱动，乡村旅游地政府和社区往往会结合新农村建设，持续增加乡村旅游地环境整治和维护的资金投入，从而使乡村旅游具有了促进乡村自然生态环境改善和乡村村容村貌改善的社会功能，如农村交通条件不断改善，乡村旅游地基本实现了村村通公路。一些地方为了发展乡村旅游，积极翻修或新建住房，改水、改电、改厨、改厕，对村镇进行科学规划。社区居民在村落道路两旁植树，在自家庭院种花种草，美化家园，努力营造出更加清新、优美的村容村貌。

（三）激发农业的生态功能

随着乡村旅游的发展，休闲农业、观光农业等新的业态也蓬勃发展起来。旅游者通过各种农业体验活动，不仅满足了亲近土地、亲近自然的愿望，还促进了绿色农业的发展。而随着农村经济实力不断增强，地方政府和农民也会加大对乡村旅游环境的打造和资源的整合，注重对农业生态环境的保护与合理开发，提高资源环境质量，促使农业生态系统良性循环，创造良好的农村生产生活空间。这是一个良性的循环。

三、乡村旅游生态环境保护的几点思考

乡村旅游以具有乡村性的自然生态资源为基础，只有切实保护好这些资源，如新鲜的空气、洁净的水体、绿意盎然的花草、干净卫生的绿色蔬菜等，才能使游客在欣赏优美的田园风光、体验乡村民俗生活的过程中，满足其体验自然、爱护自然、融入自然的情感需求，才能实现乡村旅游的可持续发展。

（一）按照生态文明的理念发展乡村旅游

面对资源约束趋紧、环境污染严重、生态系统退化的严峻形势，必须树立尊重自然、顺应自然、保护自然的生态文明理念，把生态文明建设放在突出地位，融入经济建设、政治建设、文化建设、社会建设各方面和全过程，努力建设美丽中国，实现中华民族永续发

展。加快乡村旅游开发建设，就是按照生态文明要求，在尊重自然的基础上，顺应自然、师法自然，以生态学的原则指导乡村旅游的可持续发展，突出自然景观的特色和风貌，减少人为破坏，提高乡村旅游的竞争力。要实现这一点，应从以下几方面入手：

1. 培养提升乡村旅游参与者的生态环保意识

首先，要积极开展农村居民生态环境教育。乡村旅游的发展会带给社区居民一种环境保护意识，这一点是强化社区居民保护生态环境意识的基础和条件，乡村旅游的开发者要充分利用这一点，让乡村旅游变成保护乡村生态环境的有效手段和重要渠道。

其次，要引导当地居民制定与环境保护有关的乡规民约，采用包括经济、技术、政策、法律法规等多途径的手段，综合提升乡村旅游业主的生态环境意识。

最后，要发挥乡村旅游内在的生态环境教育功能，引导和鼓励游客学习和掌握乡村生态环境知识，增强游客对乡村旅游资源和生态环境保护的自觉性，使游客在情感上爱护自然环境，在行动上保护自然环境。

2. 加强对自然生态系统的规划保护

乡村旅游规划应尽可能地保留农村原有的资源地理自然的形态、生物的多样性及人与自然生物之间的紧密不可分离的共生共存的关系。乡村旅游需要的不仅是一朵吸引游客的花朵，更是需要寻找和造就一片适合花朵生长的土壤。要想旅游可持续发展，就不能违背自然规律。

（二）建设干净整洁的农村人居生活环境

全面整治农村卫生环境，治理生活垃圾和生活污水污染，这是建设美丽乡村最首要的任务，也是发展乡村旅游的基础条件。将城市环卫机制引入农村，建立农村环境卫生长效管护机制，落实好人员、制度、职责、经费、装备，探索建立政府补助、村集体和群众为主的管护机制，使农村人居卫生环境治理常态化，努力通过改善人居生活环境提高乡村旅游的竞争力。具体来说，应从以下两方面入手：

1. 建立农村垃圾收集处理系统

首先，要建立和完善"户收集、村集中、镇转运、县处理"的农村生活垃圾收运处理模式，加快县（市、区）垃圾无害化处理场、镇转运站、村收集点的建设。

其次，引导农民对生活垃圾分类减量就地消化，将有机易腐垃圾通过堆肥或沼气池就地处理，对医疗垃圾回收处理，强制回收农药瓶、塑料地膜等生产资料废弃物。

再次，统一规划垃圾存放点，严禁在公路两旁建造大型露天垃圾围池，严禁将垃圾倾倒在河流、沟渠、山塘水库中。

最后，在乡镇转运站采取分类处理，配套建设有机易腐垃圾处理设施，产生的有机肥料还林还田；加强对废纸、玻璃、金属等可回收垃圾的资源化再利用，实现农村垃圾的资源化、无害化和垃圾处理产业化。

2. 有效处理生活污水

污水处理要因地制宜，科学处理。人口密集的乡镇，都应兴建标准化污水处理厂，确保生产生活污水达标排放。城镇周边村庄，可以充分利用城镇污水处理设施，把污水统一到城镇集中处理，实现城乡一体化处理。村庄集中、经济条件好的地区，管道布置投资小，采用集中处理。村庄分散、山区农村以及经济条件较差的地区，宜采用分散收集、分散处理。分散处理可根据实际条件采用"分散式、低成本、易管理"的处理工艺，鼓励采用投资较少、运行费用较低的生物滤池、强化人工湿地等处理方式。加快卫生厕所建设，兴建"化粪池"，有效处理人畜粪便。

（三）营造洁净优美的乡村水环境

乡村水环境是指分布在乡村的河流、湖泊、沟渠、池塘、水库等地表土壤水和地下水体的总称。水环境是人们生活、生产和居住的必要条件，是形成乡村景观外貌、塑造乡土风情的重要因子，也是乡村旅游竞争力的重要考核方面。但如果肆意改变乡村原有的自然水系结构，以控制水而不是尊重水的心态进行水环境治理，势必增加水环境安全压力，加速水土流失，破坏溪流、水塘的生物生存环境，大大削弱水体自我净化能力和降解减毒能力，乡村生态环境和文化景观也会遭到严重破坏。因此，乡村治污必先治水。

1. 河道整治

在乡村河道整治中，要尽量保持河流自然本色，保持自然河岸的蜿蜒曲折，尽量少裁弯取直，这样做可以体现水体自然优美的曲线。杜绝或减少水泥护堤、衬底，多用和推广生态护坡，在坡度较缓或滩地较大的河道，主要采用植被保护河堤，如种植柳树、芦苇等喜水性的植物，利用它们发达的根系来达到稳定河岸的目的。此外，对于破坏、腐蚀较为严重的堤岸，还可以采用天然石材、木板或竹料等护堤，加强堤岸的抗冲刷能力。

2. 滨水区域整治

在滩地较小，设计洪水标准频率较高的滨水区域，在自然型护堤的基础上，依据当地水位变化的实际情况建设梯级驳岸，岸边因地制宜地进行生态绿化。

3. 水塘整治

乡村水塘也是乡村湿地系统的重要组成部分。在乡村旅游开发过程中，首先，应禁止填、挖各类坑、塘，以适度清淤、生态护岸等治理水塘；其次，根据生态规律，遵循物种多样化，再现自然的原则，综合考虑湿生、水生植物的特性配置植物，形成坑塘湿地生态系统；最后，构建线状和点状自然景观，充分发挥河道、池塘的综合功能，实现"水清、河畅、岸绿、景美"的美好景象。

（四）建设生态乡村

乡村的绿化是最能体现宜居的要素，因此，要绿化、美化生态乡村，以提高乡村旅游竞争力。要做到这一点，应从以下三方面入手：

1. 保护好自然植被

加大林业生态保护力度，严禁乱砍滥伐，保护现有生态植被。实施退耕还林工程，绿化荒山荒坡，提高森林覆盖率。

2. 绿化村庄环境

坚持生态化、多样化的原则，村庄广种绿化树、经济林、土壤保护林，营造绿色氛围，住宅间要以草坪、灌木及农作物为主，营造视觉绿意。

道路绿化综合考虑道路等级、性质、地形、植物等各种因素，科学选择道路绿化植物，景观上要有层次。车道中间绿化带种植低矮花灌木，路侧结合绿化带种植乔木，在道路和绿地设计时形成地势高差，以达到水分补给的目的。

此外，要做好对古树名木和大树的保护管理工作，严禁人们砍伐、买卖古树名木和大树。

3. 美化农家庭院

对分散居住的农户，鼓励他们在自家庭院内种植各种树木花草、瓜果蔬菜，有条件的话还可以适当设置一些健身器具或者放置一些景观小品等，美化自家庭院，发展庭院经济。通过生态美化建设，实现村庄园林化、庭院花园化、道路林荫化。

（五）发展生态农业，打造美好田园

所谓生态农业，就是根据生态学原理，遵循生态规律，因地制宜地在传统农业精耕细作的基础上应用现代科学技术建立和发展起来的一种多层次、多结构、多功能的综合农业生产体系。生态农业可以充分发挥农业的生态功能，营造优美宜人的生态景观，调节环境、平衡生态，构建充满生机与活力的人与自然相协调的自然生态环境。通过发展生态农业，可以创建一批生态园林区、绿色食品生产园区及景观农业区，具体可以从以下三方面入手：

1. 在农田景观方面

在农田景观方面，如梯田景观、山间种植景观等，可以从农作物种植布局方面做文章，根据农作物和花卉的种类、颜色（包括枝叶、花卉和果实的颜色）、生长期以及躯干的大小高低等进行合理配置，力求做到乡村田野"时时有景、处处是景、景随人变、人随景动"。

2. 在山地乡村景观方面

在山地乡村景观方面，可以对村落周边的森林进行人工干预，定期适当间伐树木，使光线更加便利地到达地面，再通过引水建造水田等培育多样性的动植物，以实现水田农业与林业的互利共生。

3. 在草地产业方面

草地产业集生态、绿色和环保于一身。所以，营造农业景观，还要大力发展草地产业。一方面，草地产业一头连着种植业，一头连着畜牧业，在饮食结构向肉蛋奶消费比例越来越高的情况下，还可以增加农民收入，取得经济效益和生态效益；另一方面，在荒坡、荒地种草可有效地改善水质、净化空气、防风固沙、提高土壤肥力，可成为与防护林工程建设配套并举展开的环保产业。例如，苜蓿这类草本植物可以有效地涵养水源，防止水土流失，在干旱、半干旱和严重缺水的黄土高原、荒漠地带也适宜种植。

第四章 乡村振兴背景下电子商务可持续发展

第一节 电子商务运营技巧

一、农村电商人才培养

（一）人才培养方案与蓝图

在着手农村电商人才培养时，必须明白一个道理，就是要做的是什么，才知道需要什么。社会发展至今，电子商务相关的理论、知识在突破创新方面早已硕果累累，市面上相关的电商培训班、专业书籍也都数不胜数，甚至有部分院校已经开设了电子商务培训课程。为什么一些相关的发展农村电商者都无法在这些进步中直接获益呢？首先，是做不到因地制宜，大量丰富的电商学习材料，多为城市地区或发达国家的成果，若直接生搬硬套，可能会造成这些成果和自身的产业或县域发展的特点"水土不服"，不要说效果有多好了，甚至可能适得其反；其次，则是培训者看到了这些培养学习的方案和资料，都表现得兴奋不已，拿到手后没有思考再三便马上投入去学习。如果不带目的性地去学习以及接受新事物和新内容，这好比是将自己漂浮在茫茫大海中，没有想过最后会漂到哪儿，也难以看到终点在何方。在这种盲目性学习和培养的状态下，甚至会看到一些令人啼笑皆非的电商项目。

那么应该怎么样去给员工或村民、相关负责人进行培训呢？这里可以换个角度去思考问题——从发展农村电商的相关部门和分工去进行思考。举个例子，如果是要做水果电商的，对于基建方面，肯定要有专门的搭建技术负责部门；在培养和种植方面，要有培养和种植部门；负责采摘以及清洗、筛选工作的，还要开设收成部门；接着的加工、提炼工作等，则需要后期的加工部门；等等。根据这些部门需要什么技术，需要什么类型的人才，去选择适合的方案，联系相关的培训机构、组织去对员工与负责人进行培训，从而制定出培养方案、人才蓝图。有规划地学习会让学习效率大幅提升。

（二）挖掘和寻求潜在人才

在培训人才队伍的时候，也应想想哪类人可能更适合哪些岗位，应优先安排他们到相应的岗位，进行相应的学习。比如，在销售方面，需要培养客服型人才，那么他就应具备良好的听、说、读、写能力，甚至懂外语；而实际上，对于一切需要在电商平台进行操作者，皆应具备良好的计算机操作与互联网应用能力，具备独立自主地获取本专业相关知识的学习能力。当然，也强调大家将所获取的知识与实践融会贯通并灵活应用于电子商务实务的技能，并不是说原本对这种技能一窍不通的人不可以进行培训，而是可以为相对有优势的人争取更好的机会。如果培训出的人才具备基于多学科知识融合的创意、创新和创业能力，这无疑是更好的。

（三）加强当地"领导者"和"教育者"队伍建设

农村电子商务的师资水平直接影响应用型人才的培养质量，除了寻求外界的帮助，也可以培训属于当地的专业型人才，而这类人才，则可以在相关部门中的优胜者中挑选而来。可以通过先培训这些具备一定的农业、农产品知识的佼佼者，在从事农村电商后，强化他们的电子商务专业知识，并且告知他们如何去带领队伍。由此一来，他们便可以从领导者同时变身为教育者。建议采取不同的方式去强化他们的技能：一是"走出去"，让这支领导人才队伍加强与涉农企业的深度合作，鼓励他们赴涉农企业进行专业实践锻炼，通过企业内训、顶岗实践、电子商务项目开发与运营等方式让他们直接参与到涉农企业的一线生产实践中去，不断强化理论和实际的结合；二是"请进来"，农村可以从涉农企业、农村合作社等单位聘请相关的技术人员、企业管理专家等作为兼职教师，直接参与部分专业课程的教学、实践教学指导等，从而提高农业知识及农产品营销等课程的传授效果。

（四）建立农村电商校企合作教育基地

若有条件，可以在有足够支持的情况下，还能在由涉农企业人士参与的电子商务专业建设指导委员会的基础上，加强与涉农企业紧密联系，深入开展合作教育，开设涉农电子商务企业、农村合作社等建立专业实习实训基地。

可以在乡村内和专业支持机构共建农村电商平台实训室，为大家提供真实的农村电商运营实践环境，以培养其专业实践能力。

培训农村电商人才，就是要从无到有、从有到精。没有专业支持的，先去争取支持；在得到支持后，深化学习；经过这些学习和实操，让经营者再去培训、带动其他人员共同参与其中。这个过程可能很漫长，不需要急于求成，前期尽可能地争取外界专业帮助即可。但是要谨记，一定要做规划，一定要针对相应的产业和项目进行人才培训设计，不能盲目，有目的才会有效率。

二、资源的引流与整合

从电商平台的发展来看，技术和流量是平台发展不可缺少的两大支柱：一方面，技术为电商平台的运行提供了支撑，实现了电商平台的稳定持续运行；另一方面，流量为电商平台的效益实现提供了支撑，可以说，没有流量，电商平台寸步难行。

为什么流量如此重要？首先，从我们的实际生活出发，当打开电商购物平台准备购买一件商品时，我们会看到商品的销量，销量高不一定代表商品优质。对于销量仅有个位数，评价也少的商品，基于缺乏外在的数据评判，大家对商品的信任度不高，购买的动力也会降低。其次，对于商品而言，流量越多，其被看见的机会就越多，促成的交易也就越多。由此，影响一个商品的销售，除了自身的质量、价格外，还受"流量"的影响。

如何借助平台将资源进行引流，打造人气或爆款产品？电商购物平台中引流推广的方法有三大类。第一类是以平台或者商家为主导的引流推广方法。此类型实践方法的主体是平台或商家，其具体的引流方法是进行平台介绍和宣传或是商家的介绍和宣传。以我们耳熟能详的淘宝为例，淘宝每年都会推出"双11"活动。通过开展优惠的促销活动，吸引了大量的消费者，提升了平台的交易率，起到了引流的作用。第二类是以商家和消费者为主导的互动引流推广方法，所谓的互动引流推广方法具体指的是通过双方的互动来实现人气聚集的引流方法。最具代表性的就是评论引流的方法。此种方法操作起来比较简单，在日常购物中，经常会看到评论加配图可以领红包的活动，评论的留言对于消费者具有潜在的引导作用，差评或是好评会直接影响到商品的销量。随着评论的增多，店铺或商品的热度就会增高，从而出现在推荐页的机会就会增多，形成良性的营销循环，让商家越做越大。第三类是以消费者为主导的推荐引流法。除了商家引流外，消费者还是很具备潜力的引流团体。日常我们刷抖音，都经常会看到生活好物、化妆品的分享。消费者基于对产品的了解、使用，将商品进行分享，能吸引更多的流量。特别是"网红"、流量明星，他们本来就具备一定的粉丝量，通过直播带货，为其他品牌进行推荐，促成了巨大的交易额，他们就是店铺行走的广告牌，通过自己的热度增加了店铺和商品的热度，为店铺实现引流。

作为农村电商，有时候缺的不是资源，而是如何去挖掘资源，进行资源的引流和整合，相比于传统的印刷宣传单张、投放广告带来的引流，可以不断创新引流的手法和加强资源整合的能力，从而为商品的销售创造机会。

三、电商运营玩法与技巧

（一）产品的拍摄与制作技巧

随着当前短视频营销日渐火热，越来越多的电商平台在上传新产品的同时，更加注重产品视频的制作。我们熟知的平台有抖音、快手等 APP，还有淘宝直播，等等，短视频的出现，凭着丰富的内容、生动的表现技巧、灵活的社交属性，聚集了巨大的流量，为电商平台带来了新的生机，也为农村电商带来了无限的发展动力。顾客在网店购买商品时，在界面当中最常见的便是各种静物摄影图片，因此，商品拍摄是在网店营销活动当中能够影响网络商品交易，为消费者展示商品的摄影活动。消费者进行网购时，由于无法直接接触到商品，因此，对商品的基本信息并不能直接进行了解，需要通过商家所提供的图片与文字进行了解。而在文字与图片当中，摄影图片能够更加直观地让消费者了解商品的样式、颜色等信息，能够快速吸引消费者的注意力。因此，拍摄也是做电子商务的关键环节，无论是图片还是视频，其准确性和细节性，以及一些后期丰富的包装性，都会影响到产品的销量和口碑。

第一，手机方面。可以选购摄像头配置像素更高一些的手机，目的就是服务于视频的拍摄。要注意的是，若选购手机时哪怕摄像头没有配置像素更高的手机，也要清楚其是否具备防抖、降噪和高感光度等特性，否则不能保证高清晰度。

我们用手机拍摄，若是担心不够稳定，我们可以选择购买额外的辅助工具，这些工具随着近年来短视频的火热，在淘宝或者京东等一些购物网站都能轻松搜到，并且性能、价格等都不一样。

第一种，是手机的固定支架。固定支架主要防止因为拍摄时手部抖动而导致照片模糊不清，同时也有助于保持图片拍摄的一致性。固定支架可以分为桌面式和俯拍式，用于从不同角度对产品进行拍摄。第二种，是可以在运动中拍摄也起稳定作用的轨道稳定车或拍摄云台。拍照轨道稳定车可以轻松实现对产品的直线或弧线拍摄，多角度展示产品。云台则是安装、固定摄像机的支撑设备，它分为固定和电动云台两种。固定云台适用于监视范围不大的情况，在固定云台上安装好摄像机后可调整摄像机的水平和俯仰的角度，达到最好的工作姿态后只要锁定调整角度就可以了。拍摄云台适用于对大范围进行扫描监视，它可以扩大摄像机的监视范围。在云台的帮助下，可以在快速走动的同时，还能让摄像设备定位产品。第三种，是不用拍摄者自己动，而令产品动的电动旋转转盘，电动旋转转盘插上电源就可以 360°旋转，可以全方位、多角度拍摄产品，大大提升产品展示效果，吸引消费者的眼球。

销售者在选择商品时，对于销售图片的预览是十分迅速的，在海量的图片当中消费者会更加倾向于点击能够快速抓住眼球、有自己的特色或者画面看起来比较舒适的图片，进而根据自身的购买喜好点击进入网页进行详细查看。若是对拍摄出的照片把握不准，不妨大胆询问一些熟人或熟客，咨询他们的意见再做改进。也可以浏览一些销量较高的产品，学习一下他们的图片构造、拍摄等，模仿使用。

第二，是环境设备。要营造一个良好的拍摄环境，首先要做好照明工作。照明对于产品拍摄来说至关重要，比如，在进行室内拍摄时，一般需要对拍摄场地进行布光。在布光过程当中，根据不同的拍摄需要和拍摄场地的照明条件，需要选择合适的光源，通过不同数量与不同光种、灯具进行灵活组合，以主体变现为关键，合理调整光线的强度和位置。

第三，拍摄环境中其他背景类的设计和摆设。在对商品进行拍摄时，为了能够突出销售商品的特点，一般需要在不同的背景下进行拍摄，而背景主要在于表现商品所处的环境、气氛与空间，并且能够影响整个画面的色调与整体的舒适度。一般在背景的处理当中，色彩的处理主要为冷暖关系、浓淡比例、深浅配置、明暗对比，等等，其目的都在于突出主体对象。对于色彩较为鲜艳的商品，可以用淡雅的背景进行衬托，同样对于颜色淡雅的商品也可用淡雅的背景进行衬托，其中的关键只在于处理协调主体与背景的关系。在网络商品销售当中，越为简单的背景越能够突出商品的色彩，因此，可以选择纯色背景以表现商品的质感。

（二）宣传与传播技巧

相信大家看抖音直播或其他一些直播都听到过一些词叫作带货。带货就是指让一些网络红人或者明星进行直播，他们的粉丝多，因此，我们的产品若找他们代言或者进行直播，潜在购买力会提升。当然，也可以学习他们的带货方式，来为自己的产品带货。虽说成效最终可能没有他们好，但这无疑也是为产品大大提高热度的一种重要方式。

首先，要做到用积极、正面的词汇加持、美化产品自带光环。除了要对于产品本身进行基本介绍外，还要用更为细致、精准、有创意的比喻或形容。推荐每一款产品都可以用美好夸赞形容词的产品简介，这种宣传技巧为"光辉泛化法"，即将正面、美好的事物或概念与要宣传的事物联结在一起，让受众在不明就里的情况下轻易接受或认同其所表达的信息。从而让消费者迅速受到感染进行感性的联想，在理解符号意义的同时对其持有积极印象，直至产生购买欲望。

其次，要准确把握消费者心理，触发态度行为。直播带货的本质和最终目的是实现产品的成功售出以获得利润，而直播主播推荐产品的过程实质是"说服"过程。作为传播的最基本形式之一，说服同态度改变紧密相关。态度由三个因素组成：情感因素，即对于某个客体的喜好或感觉；认知因素，即对于某个客体的信念；行为因素，即对于某个客体的行动。消费者作为观看直播的受众，会在主播推荐产品过程中产生以上三个因素层面的态度改变，要注重对于受众态度行为的唤醒与刺激，尤其是通过宣传技巧抓住受众消费心理，在短时间内唤起受众购买欲望，并最终完成购买行为。

再次，要增强专业背景与售后担保，加强受众信任。现在许多带货主播之所以能够成功，无疑是和他们扎实的专业知识和相关行业就业背景有关的。人们购货的主导因素中包括"值得信赖""活力"和"客观性"。极其重视推荐产品的售后服务质量的直播带货人，在遇到消费者对于产品进行负面反馈时，会在直播中第一时间代表官方立场表示歉意，并担保相关工作人员会联系买家进行问题跟进。同时，对于推荐产品也并非一味夸张吹捧，常以专业视角对于该产品的未来发展提出客观建议与想法，获得直播受众的极大信任感。

最后，要注意促进粉丝群体形成，进一步巩固品牌。随着长期的粉丝积累与产品品牌形象的建立，尤其是利用"双 11"等的一些重要活动，通过回馈顾客等手段，让买家不再仅仅作为观者或消费者的身份出现，更多的人成为产品的粉丝与拥戴者。

（三）售后技巧分析

网上商品看不见实物，顾客事先了解产品时一定会对产品有一定的疑虑，客服解答顾客的疑问时能熟练掌握沟通技巧是促成订单的重要因素；而对于售出的产品，顾客也可能会有疑问或者顾虑需要咨询，客服妥善的回答也是增进口碑的重要方式。现阶段许多规模较大的电子商务公司的客服分工明确，如通过电话、聊天软件对顾客进行售前答疑，促成商品交易；有售后客服专门处理顾客购买后的问题和解决顾客的投诉；有专门进行店铺推广的美工师；有专门为商品打包的客服。因此，在谈技巧前，要先对产品的客服进行好分类，让各类客服对自己的职责了解清楚，明白自己的工作内容是什么。

首先，在客服态度方面，售前客服的工作人员一定要具有良好的态度。顾客在不了解产品的情况下会存在一系列的疑问，客服人员需要认真耐心地解答。同样的产品，顾客在选购时会关心产品的评价，还有更重要的就是客服人员的回答，回复越快就越会给顾客留下好的印象，回答问题的专业和耐心也可以增加顾客对产品和店铺的好感度。顾客在购买产品前会对产品产生很多顾虑，客服要从顾客的角度出发，为顾客考虑问题，打消和减少顾客的疑虑，最终促成交易。售中客服人员要清晰回答顾客提出的问题，协助顾客下单。为了提高顾客的回复率，可以整理日常沟通中遇到的常见问题和一些设计好的专业的沟通话语并提前设定为快捷的回复用语，提高回复的速度和效率，缩短顾客等待的时间，提高成交率，适当加入有趣的表情增加亲切感，促进成交。这个环节态度的好坏影响着顾客在交易结束后对客服人员和店铺的评价。售后客服人员需要耐心解答顾客的问题。售后问题一般是顾客对产品质量、客服人员服务、快递等方面不满而提出的一些问题和诉求。遇到售后问题时，客服人员需要和顾客进行客观的讨论，积极地解决问题，努力改进，不能一味地推脱责任，应明确双方各自的责任，提高顾客的回头率，增加店铺的利润。

其次，客服使用的电子商务语言要规范。比如，大家都关心的发货问题，许多人都会关心产品什么时候发货，客服需要知道订单号这一内容，有了订单号才能帮顾客查询物流进度。现阶段来说，许多电商平台都可以做到付款后 48 小时内保证发货。如果遇到退款退货问题，需要清除退款或退货的流程商品回到货仓后，让售后人员鉴定商品是否存在损坏，如果确实是我方质量问题，安排全额退款；若是顾客使用不当造成，影响二次销售那就不能退款。若收到投诉警告，如果是我们工作的失误造成的，就要做到弥补顾客的损失。

客服也是增进店铺评价口碑的重要环节之一，因此我们在培训客服的过程中，也要多加注意。

第二节 乡村振兴与农村电子商务融合

一、农村电商为实施乡村振兴战略提供新动力

乡村振兴战略坚持农业农村优先发展，按照产业兴旺、生态宜居、乡风文明、治理有效、生活富裕的总要求，建立健全城乡融合发展体制机制和政策体系，统筹推进农村经济建设、政治建设、文化建设、社会建设、生态文明建设和党的建设，加快推进乡村治理体系和治理能力现代化，加快推进农业农村现代化，走中国特色社会主义乡村振兴道路，让农业成为有奔头的产业，让农民成为有吸引力的职业，让农村成为安居乐业的美丽家园。农村电子商务作为电子商务在农村的延伸，有助于商品信息的快速传播，还能够为改变城乡二元经济结构、打破地域经济发展不平衡的局面、提高农产品市场竞争力、促进乡村发展创造有利的条件。我国作为农业大国，解决"三农"问题、实现乡村振兴一直是国家发展战略中的重要内容之一，而农村电子商务作为促进乡村发展的一种新的经济模式，无疑也将成为乡村振兴战略实施的新动力。

（一）农村电商助推乡村产业的优化

1. 农村电商助推乡村农业的发展

（1）有助于打通农产品的流通渠道，提高农业的经济效益

通过电子商务平台，可以解决一些传统农业产业中存在的"顽疾"，从而提高农业的

经济效益，促进农民收入的提高。例如，通过电子商务平台，可以实现农业生产资料的信息化，交易的双方能够随时了解市场的需求情况，从而将断裂的供需链重新建立起来。与此同时，电子商务平台的出现也拓宽了农产品的销售渠道，使农产品的售卖再也不必完全依靠农贸市场，提高了农产品的销售量。

（2）有助于县域电商园区建设，赋能农业数字化

随着我国各地基础信息设施建设工作的不断推进，很多地区建成了县、镇、村三级电商信息服务站，这些服务站能够拓展农村数字信息服务业务，推动县域电子商务向数字化、智能化转型，同时为县域电子商务产业园区的建设奠定基础。县域电子商务产业园区在农业产业中的作用有建设区域内特色农业产业品牌、品质、品种数据库；对接国内各大农业科研院所的数字种植业、数字畜牧业、数字渔业、数字农产品加工业资源，助力当地农业科学技术推广服务体系数字化转型；对接国内物联网企业，大力推广物联网技术在种植、畜牧和渔业生产中的应用；对接国家农产品质量安全溯源管理平台，推动新一代信息技术与特色农业、地理标志深度融合；等等。农业数字化是农业现代化建设的一个目标，虽然目前还处在发展阶段，但随着农村电商的发展，农村电商将与数字农业相交融，从而为农业产业发展的数字化增添助力。

2. 农村电商助推乡村产业的融合

产业融合是现代产业发展的一个必然趋势，所谓产业融合，是指在时间上先后产生、结构上处于不同层次的农业、工业、服务业、信息业、知识业在同一个产业、产业链、产业网中相互渗透、相互包含、融合发展的产业形态与经济增长方式，是用无形渗透有形、高端统御低端、先进提升落后、纵向带动横向，使低端产业成为高端产业的组成部分，实现产业升级的知识运营增长方式、发展模式与企业经营模式。乡村产业融合是由产业融合的概念衍生而来，通常指以农村的经济发展为目的，以第一产业为基础产生延伸链条，连接第二产业与第三产业，从而打破乡村第一、第二、第三产业界限的一种发展思路和方式。乡村产业的融合能够促进乡村传统产业的创新，推进乡村产业发展与结构的优化，同时推动区域经济一体化发展，这对于乡村发展具有非常积极的意义。

在电子商务出现以前，乡村第一、第二、第三产业虽然也有融合的部分，但由于各产业之间存在明显的界限，产业融合仅停留在一个较为浅显的层面。而电子商务的出现有效打破了各产业之间的界限，使乡村产业之间的融合得以进一步深化。其实，就电商发展本身来看，虽然农村电商是借助互联网逐渐发展起来的，但归根结底，其基础是实体经济，所以，要想实现农村电商的可持续发展，就需要将农村电商与乡村的传统产业进行有效的融合，同时推动乡村传统产业之间的融合，从而实现产融协调进步。

（二）农村电商助推落后乡村的精准扶贫

精准扶贫是相对粗放扶贫而言，是在我国长期的扶贫工作实践中不断总结而成的思想，针对的是"扶贫对象不明、贫困原因不清、扶贫资金与项目指向不准、扶贫措施针对性不强"等问题，旨在使扶贫资源更多、更准确地向贫困人口倾斜。精准扶贫包含三个方面的内容：一是贫困人口的精准识别，这是精准扶贫的前提，没有精准的识别，扶贫资源也便无从倾斜；二是精准帮扶，即针对所识别的贫困人口采取针对性的帮扶措施，提高扶贫的效果；三是精准管理，即跟踪监督扶贫的过程与成果，一方面确保扶贫工作的有效进行，另一方面以此作为扶贫工作考核的依据。

精准扶贫其最终目标是帮助贫困地区的人口摆脱贫困。从精准扶贫包含的内容可知，精准扶贫可分为识别、实施、管理三个阶段。在这三个阶段中，农村电商能够发挥作用的阶段是精准扶贫的实施阶段，简单来说，便是将农村电商作为一项助力乡村脱贫的举措。从农村电商在精准扶贫中应用的情况来看，农村电商之所以能够在精准扶贫中发挥一定的效用，是因为农村电商的发展不仅能够促进乡村产业的优化，还能够带动贫困地区人口的创业和就业，从而促进当地农民收入的提高。

（三）农村电商助推乡村网络生态的形成

1. 农村电商助推乡村组织的发展

乡村发展存在的一个关键问题就是乡村人口结构的失衡，乡村中很多富有新知识、新思想、新技能的青年人都迁移到了城市中发展，这就导致乡村组织的发展面临着"后继无人"的尴尬境地。为了应对这一问题，各地推出了多种引导青年人返乡的政策，这些政策在一定程度上缓解了乡村人口结构失衡的问题，也缓解了乡村组织用人的难题。在这种背景下，农村电商的发展无疑能够吸引更多富有新知识、新思想、新技能的青年人返乡、下乡，这些来到乡村的"新的活力""新的血液"为乡村组织的发展提供了充足的储备力量，也为乡村振兴提供了充足的人才支撑。

2. 农村电商助推乡村生态环境的改善

实现乡村的生态振兴是乡村振兴的具体目标之一。从表面上来看，农村电商与乡村生态环境之间没有直接的关联，但如果对电商和农村产业的关系进行深入的剖析，将不难发现农村电商在助推乡村生态环境改善上的作用。首先，农村电商在农业中的应用打破了传统农业销售的方式，建立了城市消费者与乡村生产者之间的联系与信任，这促使了农业生产方式的转变，即由于城市消费者追求农产品的安全、绿色、健康，所以，农业生产要减少甚至杜绝农药和化肥的使用，从而能够实现对原有产业环境友好型的改造。其次，农村电商的发展进一步带动了乡村旅游的发展，而乡村旅游的发展进一步促进了乡村生态环境的改变。城市居民对于乡村生活和环境的向往来自乡村美好的生态环境，在这种要求下，要想吸引更多城市居民到乡村旅游，要想实现乡村旅游的可持续发展，就必须在生态环境上做出努力，保护和改善生态环境，打造乡村旅游品牌。

3. 农村电商助推乡风文明的振兴

乡风文明同样是乡村振兴的目标之一，旨在促进乡风文明的传承和创新。在社会不断发展的过程中，如何传承乡风文明成了一个备受人们关注的问题。乡风文明有精华，也有糟粕，这些精华的内容需要传承，但传承并不代表着一成不变，还需要将其与社会和时代相结合，这样才能焕发其活力，从而促使乡风文明在传承的过程中不断创新和发展。农村电商对乡风文明的助推作用不仅体现在促进其传承上，还体现在促进其创新和发展上。首先，在促进乡风文明传承的层面，乡村电商作为一个开放的平台，就像是人们了解乡风文明的一个窗口，人们在购买农产品的过程中，也相应地了解了当地的乡风文明。另外，乡村旅游电商的发展在一定程度上也依托于当地的乡风文明，而借助电商平台对乡村旅游的宣传以及游客的来访，也能够促进当地乡风文明的传播，进而提高人们对当地乡村文明的关注度。其次，从乡风文明创新发展的层面来看，当地的乡风文明逐渐获得一些关注度后，一些人便会开始围绕乡风文明的元素进行一些创新性的设计，这些创新性的设计如果能够获得人们的喜爱，就不仅能够带动经济效应，还能够促进乡风文明进一步传播和发展，这对于乡风文明振兴而言具有非常积极的意义。

总之，乡村网络生态的形成涉及乡村发展的方方面面，既需要乡村组织的支持，也需要良好的乡村环境和乡风文明来体现和维持。就上述几点条件而言，农村电商的发展虽然不能产生直接的效用，但却能够间接地产生一定的效用，从而助推乡村网络生态的形成。

二、乡村振兴战略为农村电商发展提供新机遇

（一）乡村振兴战略为农村电商发展提供政策支持

农村电子商务是转变农业发展方式的重要手段，是精准扶贫的重要载体。要通过大众创业、万众创新，发挥市场机制作用，加快农村电子商务发展，把实体店与电商有机结合起来，使实体经济与互联网产生叠加效应，从而推动农业升级、农村发展、农民增收。这与乡村振兴战略中的一些目标相契合，所以，为了进一步发挥电子商务在促进乡村发展方面的作用，在乡村振兴战略实施的背景下，一系列的政策先后出台，为农村电商的发展提供了良好的政策支持。

（二）乡村振兴战略为农村电商发展提供环境支持

农村电子商务的发展有两个重要的基础：一是网络基础；二是物流基础。任何一个基础存在欠缺都会影响农村电子商务的发展。乡村振兴战略作为一个指导乡村发展的重大战略，其为农村电子商务发展提供的环境支持，主要体现在乡村网络基础设施建设和乡村物流体系的建设两个方面。

1. 乡村振兴战略促进乡村网络基础设施建设

根据乡村振兴战略"三步走"的时间表可知，第二阶段的目标任务是：到 2035 年，乡村振兴取得决定性进展，农业农村现代化基本实现。农业现代化是相对于传统农业而言的，指以现代科学理念为基础，以现代科学技术和现代工业为手段，以现代经济科学为管理方式，创造一个高产、优质、低耗的农业生产体系和一个合理利用资源、保护环境、有较高转化效率的农业生态系统。虽然农业是农村经济的基础，在农村产业中占有非常重要的地位，但农业农村现代化并非单纯地指农业现代化，而是指农村社会经济生活的全面进步和现代化，包括农民、农业、经济、社会制度等方面的现代化。无论是狭义的农业现代化，还是广义的农业农村现代化，都需要现代科学技术的支撑，尤其在信息技术不断发展的今天，农业农村现代化的发展离不开网络的支撑。因此，从乡村振兴战略实施的中期目标来看，加快乡村网络基础设施的建设是乡村振兴战略实施规划中不可或缺的一个组成部分。

在相关政策的引导下，我国乡村网络基础设施建设的态势良好，乡村网络信息发展速度逐渐提高。以往，由于我国各个地区乡村发展基础存在一定的差距，乡村网络的基础设施建设也呈现出比较明显的区域化特征。而近些年来，随着我国乡村网络基础设施建设的不断完善，这种区域差异逐渐减小。网络是乡村电子商务发展的重要基础，没有网络，乡村电子商务便无从谈起，而我国乡村网络基础设施建设的良好态势无疑为乡村电子商务的发展提供了基础支持。

当然，从我国乡村网络信息基础建设的整体情况来看，虽然多数地区打通了通信的"最后一公里"，但有些乡村的网络信息基础设施建设水平有待进一步提高。例如，有些乡村的网络信息服务站存在设施落后或不健全的情况，并且存在人员配备不足的情况，这些都在一定程度上影响了乡村网络信息基础设施建设的水平，从而影响乡村电子商务的进一步发展。但随着乡村振兴战略的不断推进，以及乡村基础设施建设工作的不断深入，我国乡村网络信息基础设施建设的水平也会随之不断提升，并为乡村电子商务的发展，乃至农业农村现代化的发展提供完善的网络信息支撑。

2. 乡村振兴战略促进乡村物流体系的建设

作为连接乡村和外界的一个"通道",乡村物流体系的建设具有非常重要的意义。从农村发展的层面来说,乡村物流体系的建设有助于促进城乡的融合发展,这是乡村振兴战略的一个重要目标。而要实现城乡之间的融合发展,就要求城乡要素之间能够实现有效的双向流动,物流无疑是支撑城乡之间双向流动的重要桥梁。从农村电子商务发展的角度来看,物流是解决商品流通的关键,只有完善的物流体系,才能将不同产业链环节紧密结合起来,使商品的流通一路绿灯,从而最大限度地节约成本,增加利润产出,进而在利润的驱动下促进农村电子商务的进一步发展。

物流体系之所以称为体系,是因为该体系中包含多个元素,如仓储、运输、包装、装卸、配送、物流信息等,这些物流的子系统共同构成了物流这个大体系。任何一个子系统出现问题都会影响整个体系的运转效率,所以,乡村物流体系的建设是一个系统的工程。但相对而言,在物流体系的各个子系统中,运输是最为基础的,也是最为关键的,如果没有运输,仓储也便没了意义,同时也没有了后续的装卸、配送等内容。而商品运输依靠的是完善的道路系统。俗话说"要想富,先修路",话语虽然质朴,但却直观地指出了道路建设的重要性。其实,从国家重视道路系统建设开始,我国道路系统的建设就一直在稳步进行着,包括乡村道路系统的建设。

对于农产品来说,因为很多农产品需要保鲜、保质,所以,除了道路系统的建设,冷链物流的建设也不可或缺。冷链物流是以冷冻工艺学为基础、以制冷技术为手段的低温物流过程,旨在减少食品损耗,保证食品质量。农村电子商务平台中贸易的商品很多都是农产品,与其他商品不同,很多农产品易腐烂、变质,一旦出现这种情况,不仅会造成经济上的损失,还会造成信用上的损害,从而影响农村电子商务的发展。基于农产品的这一特质,必须建立冷链物流,才能确保农产品保鲜、保质地运送到消费者手中。

在相关政策的引导下,我国各地冷链物流体系建设的态势良好,并逐渐向乡村延伸。以河南省为例,该省在国家宏观政策的指导下,推进"全链条、网络化、严标准、可追溯、新模式、高效率"的现代冷链物流体系建设,冷链基础设施体系不断健全,各类设施设备快速增加,冷链物流基地布局不断优化,"一中心、多节点、全覆盖"的冷链空间网络日益完善。不可否认,我国冷链物流发展虽然取得了长足的进步,但冷链物流标准和服务规范体系不健全、冷链物流高技能人才与复合型人才匮乏等因素,制约着我国冷链物流的进一步发展。因此,各地区需要在乡村振兴战略的总体规划下,立足各地区发展的实际情况,为冷链物流的发展做好全面的工作部署,完善冷链物流的空间网络布局,从而推动冷链物流的健康可持续发展。

（三）乡村振兴战略为农村电商发展提供人才支持

农村电子商务对于促进乡村的发展具有十分重要的作用，不仅推动了乡村农业产业的转型和升级，还促进了乡村第一、第二、第三产业的融合，同时对乡村物流体系建设的助推作用也有利于实现城乡的融合发展。

人才是支撑农村电子商务发展的一个重要基础，缺乏人才支撑，农村电子商务的可持续发展将难以得到有效的保证。其实，就市场发展过程来看，广阔的市场前景必然会吸引大量人才的流入。但是，农村电子商务的发展却明显出现了人才发展滞后的现象，这种现象的出现主要有以下两点原因：

其一，高学历、高技能人才引进难，且流失严重。随着农村电子商务的发展，越来越多的人参与到这股浪潮中，但由于乡村发展等相关因素的限制，参与农村电商的人才大多是中等文化水平。相较于乡村而言，城市具有更多的发展机会，所以，很多高学历人才毕业后的第一选择都是城市，导致乡村难以引进电子商务专业人才。另外，一些毕业后选择到乡村发展的高学历人才在开展具体工作时，种种客观因素的存在限制了他们能力的进一步发挥，进而导致这些到乡村发展的高学历人才无法长时间留在乡村发展。

其二，人才培养难。乡村电子商务人才的发展：一是靠引进；二是靠培养。因此，在引进高学历人才的同时，也需要同步展开对当地人才的培训。相对于引进的人才数量来说，本地人才具有数量上的优势，而且多为当地居住的村民，流失的可能性较小。但信息化发展程度、消费习惯、传统观念以及受教育程度等因素一定程度上阻碍了他们对新鲜事物的接受和学习，影响了农村电子商务的发展。

乡村人才大致可分为五大类：一是经营型人才，指主要从事农业经营、农民合作组织等生产经营活动的劳动者，如农民专业合作社负责人、农村经纪人、农业生产服务人才等；二是生产型人才，指在农村种植、养殖、加工等领域达到较大规模，且具有一定示范带动效应、帮助农民增收的业主或骨干技术人员，如人们常说的种植能手、养殖能手、加工能手等；三是技能型人才，即具有某方面的特长，或掌握某种技能的实用性人才，如农村中常见的石匠、木匠、漆匠等手工业者；四是专业型人才，指从事农村医疗、农村教育等公共服务领域的专业技术人才，他们往往掌握有专业性的知识与技能，如医生、教师；五是服务型人才，指在乡村文化、体育、社会保障等领域提供服务的人才，如维修技术人员、文化艺术工作者、实体店或电商从业者。

在对乡村人才的解读中，电商从业者属于第五类人才，即服务型人才。对人才的划分可以帮助我们从理论层面对乡村人才有更为深入的理解，但从现实层面来看，这种人才的划分并不能将从事某一行业人才的内涵完全展现出来，尤其在产业融合发展的今天，人才与人才之间的界限越来越模糊。因此，乡村振兴战略中提出的人才振兴也没有明确限定人才的种类。而在乡村振兴战略对人才发展的总体引导下，针对农村电子商务方面的人才发展，各地都颁布了不同的政策，这些政策在促进农村电子商务人才培养中发挥了积极的作用。

三、农村电商与乡村振兴战略的促进融合之道

乡村振兴战略，是在对关系国计民生的"三农"这一根本问题进行系统研判之后提出来的，它是一个系统性、综合性、全局性的发展战略，乡村振兴战略的提出让很多人眼前一亮，其内容非常丰富，对农村的发展具有重大意义。

作为一个系统性、综合性、全局性的发展战略，实施乡村振兴战略不仅是推动农业农村发展繁荣的重大决策，还是推动新型城镇化大发展的重要内容，而且与深入推进市场经济持续健康发展和把我国建设成为富强民主文明和谐美丽的社会主义现代化强国有重要关联，充分体现了党中央、国务院对"三农"工作的高度重视。

实施乡村振兴战略必然开启新时代中国农业农村发展变革的新征程。富裕繁荣的乡村既是中华民族伟大复兴的目标，又是中华民族伟大复兴的基本条件。乡村振兴是建成富强民主文明和谐美丽的社会主义现代化强国的起点。

无论是从乡村振兴战略的短期目标去看，还是从其长期目标去看，农村电子商务的发展无疑能够推动上述目标的实现。农村电子商务的出现改变了农村原有的商业运营模式，推动了农村产业的变革与升级，促进了乡村经济的进一步发展。随着互联网的全面覆盖，我国农村电子商务蓬勃发展，一方面，将大量的工业品、消费品输送到乡村，对繁荣农村消费、活跃农村流通发挥了积极的作用；另一方面，电子商务拓宽了农产品销售的渠道，同时带动了乡村旅游、乡村教育和金融服务等方面的发展，促进了农民收入的提升。近些年来，越来越多的乡村依托电子商务改变了贫困的面貌，实现了经济的发展。其实，从这一层面去看，农村电子商务与乡村振兴战略具有目标上的一致性，即促进乡村的发展，推动农业强、农村美、农民富的全面实现。

各级政府之所以如此重视农村电子商务的发展，归根结底就是因为电子商务在促进农村发展方面能够发挥重要的作用，这些作用的发挥将助推乡村振兴战略的实施，所以，乡村振兴战略对农村电子商务的支持也就是对自身战略的支持，两者之间是一种相互促进、相互融合的关系，而不是各自孤立的。并且这种相互促进、相互融合的关系可以产生 1+1>2 的效果，进而助推乡村的发展，助推富强民主文明和谐美丽的社会主义现代化强国的建成。

第三节 农村电子商务可持续发展的路径

一、农村电子商务可持续发展政策支持体系建设与完善

(一) 农村电子商务可持续发展政策支持体系建设

1. 农村电子商务基础设施建设的支持政策

(1) 农村电子商务基础设施建设的支持政策构建的目标

基础设施是农村电子商务可持续发展的基础,如果没有结构相对完整的基础设施支撑,农村电子商务的发展就会受到极大限制,甚至被阻碍。因此,有关政策的支持首先要指向农村基础设施建设。具体来说,农村电子商务基础设施建设支持政策构建的目标主要表现在以下三个方面:

①构建一个结构相对完整、功能相对齐全的农村电子商务基础设施体系。

②不断缩小城乡间的数字鸿沟,为城乡的融合发展奠定基础。

③不断完善乡村的数字化建设,推进农业农村现代化的进程。

(2) 农村电子商务基础设施建设的支持政策构建的内容

农村电子商务基础设施建设支持政策构建的内容主要包含以下三点:

①制定乡村道路系统建设的有关指导性政策。道路系统是连接城乡、连接各个乡村的基础,要建设县道通村、村道通户的道路系统,实现"城—县—村—户"的一站式通道,为农村电子商务物流系统的发展奠定基础。

②制定乡村网络基础设施建设的支持政策。目前,我国乡村网络设施建设的态势良好,而相关支持政策的制定主要是在此基础上进行进一步的完善,如宽带网络提速降费、Wi-Fi 覆盖、5G 技术应用、信号覆盖阴影区消除、基站加密等。

③制定农村电子商务示范点、示范村的支持政策。随着农村电子商务的发展,越来越多的乡村开始尝试电子商务的模式,农村电子商务迎来了"井喷时代"。但从当前农村电子商务发展的现状来看,农村电子商务的发展有一种野蛮生长的态势,这显然不利于农村电子商务的健康可持续发展。政府可以制定农村电子商务示范点、示范村的相关政策,指导各县域结合自身的实际情况选择相应的示范点或示范村,然后按照示范点或示范村的模式开展后续的工作。

2. 农村电子商务服务中心建设的支持政策

（1）农村电子商务服务中心建设的支持政策构建的目标

农村电子商务服务中心一般以村为单位，每一个村建设一个服务中心，形成"县—乡—村"三级服务体系。农村电子商务服务中心的建设是电子商务向乡村下沉的一个必然过程，只有借助农村电子商务服务中心，才能将服务下沉到乡村，甚至下沉到每一个消费者。具体而言，农村电子商务服务中心建设的意义表现在以下五点：

①农村服务中心建设是实现国家农村电子商务发展目标的要求和保证。

②农村服务中心建设是促使电子商务进村入户后落地生根的必要条件。

③农村服务中心建设是实现农村"互联网+流通"的重点所在。

④农村服务中心建设能够为农产品的上行提供保障。

⑤农村服务中心建设是优化电子商务环境的重要内容。

农村服务中心建设的目标则主要体现在以下三点：

①构建"县城—乡镇—农村"三级服务站，为农村提供货物买卖相关的服务。

②扩大网点、物流在乡村的覆盖，为实现"县城—乡镇—农村"电子商务全覆盖奠定基础。

③提升农村电子商务发展水平，建设运营中心，优化仓储物流配送，方便商品运营推广和基地建设。

（2）农村电子商务服务中心建设的支持政策构建的内容

为了充分发挥农村电子商务服务中心的功能，其建设需要满足以下两个要求：

①农村电子商务服务中心要有固定的办公场所，并且为了方便服务村民，办公场所的地点不能远离居民住所。同时，办公场所的交通要方便，能够接入网络。一般情况下，一个村落有一个服务中心即可，对于已经有企业服务站（如淘宝村）的，可以不再建设服务中心。

②在服务中心工作的人员要具备一定的专业知识和技能，能够熟练操作电子商务服务平台软件，以便有效解决村民遇到的一些专业性问题。

3. 农村电子商务物流体系建设的支持政策

（1）农村电子商务物流体系建设的支持政策构建的目的

农村电子商务要想实现可持续发展，物流体系的建设必不可少。在一系列政策的引导下，农村电子商务物流体系的建设在不断完善，但要真正实现从村到户的无缝对接，还有很长的路要走。农村电子商务物流体系建设的支持性政策就是为了助推这一目标的实现，具体体现在以下三个方面：

①以县域为单位，整合县域内的物流资源，完善"县城—乡镇—农村—农户"的县域农村物流四级结构。

②进一步完善冷链物流体系，因为对农产品来说，冷链物流是不可或缺的，这是农产品保质、保鲜的必要手段。

③构建土特农副产品产供销管理体系，为农村电子商务提供全链条的物流核心业务以及附加服务功能。

（2）农村电子商务物流体系建设的支持政策构建的内容

在现有农村物流体系建设相关政策的基础上，还可以从以下两个方面做出思考：

①制定鼓励各大物流平台进农村的政策，如鼓励各大物流平台将物流业务拓展至更多的乡村，鼓励农村供销社深入参与农村电子商务物流体系，等等。各大物流平台的入驻：一是有助于农村物流体系的完善；二是有助于形成良性的竞争，从而促使乡村物流体系良性发展。

②制定将农村供销合作社纳入全国城乡市场发展规划的政策，在产地建设农产品收集市场和仓储设施，在城市社区建设生鲜超市等零售终端，形成布局合理、连接产地到消费终端的农产品市场网络。

4. 农村电子商务人才培养的支持政策

（1）农村电子商务人才培养的支持政策构建的目的

人才是支撑农村电子商务发展的一个重要基础，缺乏人才的支撑，农村电子商务的可持续发展就难以得到有效的保证。其实，就市场发展过程来看，广阔的市场前景必然会吸引大量人才的流入，这是必然的规律。虽然在国家一系列人才鼓励政策的引导下，越来越多的人才（包括高学历人才）选择到乡村发展，但仍旧不能满足农村电子商务发展所需要的人才缺口，这无疑会影响农村电子商务的可持续发展。因此，在国家宏观政策的引导下，各省、市、县还需要结合自身实际情况制定更为详细的人才培养政策。就当前农村电子商务发展的情况来看，农村电子商务人才培养支持政策制定的目的主要包含以下两点：

①建立以乡镇为单位的覆盖面广、培训操作规范、培训方式灵活的电子商务人才培养体系。

②吸引更多在城市发展的人才（包括从乡村迁移到城市的人才）、高校毕业生、喜欢乡村的人到乡村发展，同时减少乡村现有电子商务人才的流失。

（2）农村电子商务人才培养的支持政策构建的内容

面对农村电子商务发展存在的巨大的人才缺口，需要结合乡村发展现状更具针对性地制定人才培养政策。具体而言，主要包含以下五个方面的内容：

①制定农民参与电子商务培训的鼓励性政策，引导更多村民参与政府或企业组织的电子商务培训，使更多的村民了解电子商务，并逐步掌握一些相关的技能。

②以县域为单位制定细化的电子商务人才引进政策，确保政策能够准确落地。原因是在过去实际操作的过程中，一些省、市一级的政策不够细化，一些电子商务人才到乡村之后不能准确依照政策落实，导致了电子商务人才的流失，同时产生了不良的影响。

③制定与培训有关的场所、经济等支撑性政策。一些需要乡镇政策支持的公益性的电子商务培训活动不可避免会产生经济开销，所以，需要相关经济政策的支持，以维持培训活动正常、持续举办。

④制定当地企业、电子商务平台开展相关培训的鼓励性政策。电子商务人才的培训仅仅依靠政府很难实现全县域的覆盖，还需要借助当地企业以及电子商务平台的力量，共同构建一个覆盖面广、培训操作规范、培训方式灵活的电子商务人才培养体系。

⑤制定促进企业、高校、县域合作的政策。一方面，帮助高校搭建校外实习基地，培养学生的实践能力；另一方面，通过这一方式给学生一个了解乡村的渠道和机会，促使更多学生留在乡村发展，缓解乡村电子商务发展对人才的需求。

5. 农村电子商务法律法规的支持政策

（1）农村电子商务法律法规支持政策构建的目的

法律是保证人民权益的重要手段，电子商务属于贸易的范畴，涉及人民最为关注的经济问题，所以，必须健全相关的法律法规。因此，在电子商务发展伊始，我国便制定了相应的法律，并且随着电子商务的发展不断完善相关法律和规范。当然，由于近些年我国电子商务发展的速度非常快，所涵盖的领域可能会越来越广，当现有的法律法规不能覆盖电子商务相关内容的时候，就必然需要对法律法规进行完善，以保证法律的建设与电子商务发展的步伐相一致。这也是制定农村电商法律法规支持政策的目的所在。

（2）农村电子商务法律法规的支持政策构建的内容

我国电子商务相关的法律法规较为完善，不仅能对平台进行监管，还能够督促平台进行好自我监管。当然，在农村电子商务快速发展的同时，也隐约出现了野蛮生长的趋势，并衍生了一些问题，如果这些问题不能得到解决，其负面影响将会持续扩大，最终影响农村电子商务的可持续发展。因此，在农村电子商务现有法律法规的基础上，其支持政策构建的内容可以从以下两个方面做出思考：

①电子商务隐私保护有关的法律法规。隐私对于每个人来说都是非常重要的问题，但随着信息技术的不断成熟、电子商务的发展，个人隐私问题越来越突出，并引起了越来越多人的关注。不可否认，大数据与云计算的出现推动了电子商务的个性化与定制化发展，

但对个人隐私的过度收集也影响了消费者对电子商务平台的信任度。其实，对个人信息适当收集，即在不侵犯消费者隐私的基础上收集个人信息，对于电子商务的可持续发展来说具有非常积极的意义，但如果信息收集超过了个人隐私的范畴，必然会引起消费者的担忧和反对。电子商务平台和消费者之间的这种矛盾如果得不到解决，发展得越来越严重的时候，也许会对电子商务造成毁灭性的冲击。因此，应针对电子商务隐私保护制定相应的法律法规，界定电子商务平台信息收集的权限范围，从而最大限度地保护消费者的隐私权益。

②规范直播带货的法律法规。作为农村电子商务发展的一种新模式，直播带货具有巨大的市场潜力，这一点是毋庸置疑的。但是，目前来看，直播带货俨然已经出现了野蛮生长的情况，各种乱象多次出现在新闻报道中。因此，需要针对直播带货制定相应的法律法规，加强行业管理，建立行业标准、准入门槛，实施行业指导，提高从业人员素质，打击造假欺诈的行为，使直播带货行业能够在坚实的基础上有质量地发展，并成为农村电子商务可持续发展的助力。

（二）农村电子商务可持续发展政策支持体系完善的总体建议

1. 进一步明确政府在农村电子商务中的职能定位

在新的发展阶段，农村电子商务面临着诸多新的挑战，为了更好地应对这些挑战，政府需要明确自身在农村电子商务发展中的职能定位，并做出进一步的努力。农村电子商务是一项庞大的社会系统工程，涉及金融、税务、部门等方面，并且随着农村跨境电商的发展，还涉及异地结算、海关等方面。在有些方面，政府需要充分发挥其职能，如法律法规、税务、知识产权保护、隐私权、安全问题等，这就需要制定具体的政策，甚至制定具体的法律法规，保障政策在这些领域能够行使其职权。而在某些方面，政府不能过多地进行管理，要充分发挥市场的活力，这同样需要一些政策性的文件对政府进行约束。总之，政府在农村电子商务的发展中发挥着重要的作用，只有通过相关政策文件进一步明确并定位政府的职能，才能实现政府职能作用的有效发挥，从而推动农村电子商务的可持续发展。

2. 营造良好的农村电子商务环境

良好的电子商务环境对于促进农村电商的可持续发展具有非常积极的作用，所以，相关支持性政策的制定要有助于农村电子商务良好环境的营造。具体而言，相关政策制定上可以从以下三方面做出思考：其一，积极推进电子商务的应用。推进线上线下的融合发展，引导各有关部门落实促进商业模式创新、支持实体店转型的政策措施，加快推进传统零售业、批发业、物流业、生活服务业、商务服务业深化互联网应用，实现转型升级。其二，积极维护网络市场秩序。维护网络市场秩序是营造良好农村电子商务环境的重要环节，要加强信用体系建设，开展电子商务信用评价指标、信用档案等标准研究；建设电子商务信用基础数据库；健全部门信息共享和协同监督机制，建设商务信用信息交换共享平台，净化网络市场环境。其三，推动建立电子商务多双边交流合作机制。随着农村电子商务的发展，农村跨境电子商务的市场也逐渐扩大，但农村跨境电子商务同样面临着诸多挑战，为了进一步促进农村跨境电商的发展，需要在政策的引导下，推动建立电子商务多双边交流合作机制，为农产品企业积极参与国际合作与交流奠定基础。

3. 激发农民电子商务能量

农民是发展农村电子商务的基础力量，充分激发农民的力量对于农村电子商务的可持续发展具有重大的意义。目前，农村电子商务呈现蓬勃发展的态势，电子商务在促进农村经济发展方面的作用也日益凸显。但是，很多农民由于思想观念较为落后，对电子商务的认识不足，所以对电子商务仍旧保持一种排斥的心态，这在一定程度上影响了农村电子商务的发展。鉴于此，相关政策的制定要有助于激发农民电子商务的能量。比如，针对认识相对落后的地区，政府可以制定一些引导性的政策，督导乡镇一级开展电子商务培训课程，培训课程尽量涵盖与电子商务有关的多个方面，如理论课程、技能课程、操作课程等。

再如，针对基础设施建设相对落后的地区，要制订基础设施建设的总体规划，加快基础设施建设，为激发农民电子商务能力奠定物质基础。总之，就农村电子商务发展的各主体而言，政府是引导者，企业是示范者，广大的农民是跟随者，也是基础力量，只有充分发挥基础力量，农村电子商务的发展之路才能走得更加长远。

二、农村电子商务可持续发展人才培养与创新

（一）高校教育中电子商务人才的培养与创新

高校是培养高学历、高技能电子商务人才的重要场所，也是农村电子商务人才供给的重要渠道，对于缓解农村电子商务发展中出现的人才不足的困境，促进农村电子商务的可持续发展发挥着重要作用。

1. 高校教育中电子商务人才培养的多方价值

（1）对高校发展的价值

高校作为人才培养的教育机构，除了从专业技能的角度对学生进行教育，还需要对学

生进行全方位的教育，使学生获得全面的发展，而不是仅仅掌握一门技能。电子商务作为一项实操性很强的专业，高校对电子商务人才的培养不能仅仅停留在理论层面，这样不仅不利于学生专业技能的掌握，还不利于学生综合素养的提升。基于乡村快速发展且人才不足的背景，高校可以以学校教育为中心，将乡村电商企业、当地政府、培训学校等纳入整个教育体系中，构建一个电子商务人才培养的生态环境，这对于高校教育的发展具有非常重要的意义。

（2）对学生发展的价值

从学生短期发展的角度来看，专业技能毋庸置疑是一个重要的支持因素，但如果从学生长远的发展角度去看，综合素养才是决定性的因素。在"以人为本"教育理念的引导下，越来越多的高校开始重视学生综合素养的提升，实践教育课程、创新创业课程等明显增加。以电子商务专业为例，很多高校平衡了理论课程与实践课程的比例，适当增加了实践课程的占比，并积极与电子商务企业进行合作，定期组织学生到企业进行顶岗实习，有效锻炼了学生的实际操作能力。另外，面对农村电子商务广阔的市场前景以及人才不足的困境，很多高校将电子商务课程同创新创业教育以及乡村振兴战略有机结合到一起，使课程实现了有效的外延。对于电子商务专业课程、创新创业教育、乡村振兴战略三者的关系，有些人认为不能将它们捆绑到一起，但如果对农村电子商务发展的现状有一定的了解，便不难看出三者之间的关联性。

创新创业教育是以培养具有创新素养和创业素质的人才为目标，是以培养学生创业意识、创新精神为主的教育，其本质是一种实用教育。但创业不是一件简单的事情，创业者需要对市场有一定的了解，同时创业也存在着一定的风险，所以，很多学生虽然有创业的想法，但最终却没有将其落实。目前，农村电子商务正处于蓬勃发展的阶段，其广阔的市场前景说明了在该领域创业的可行性，同时，一系列政策的支持又降低了创业的风险。对于电子商务专业的学生来说，围绕农村电子商务进行创业既能充分运用自己所学的知识，又可以避免一些进入其他行业创业的风险，无疑是一个不错的选择。另外，乡村振兴战略作为我国发展到现阶段的重大战略，对乡村和国家的发展具有非常重要的意义。学校要让学生认识到乡村振兴的重要意义，引导学生将目光放在乡村的发展上，并用自身所学知识助力乡村振兴战略的实施。这样无论是对学生发展，还是对乡村电子商务的发展，或是对乡村的发展，都具有非常积极的意义。

（3）对农村电子商务发展的价值

农村电商虽然发展的时间相对较短，但发展的速度非常快，如今已经进入到一个新的发展阶段，对人才的需求量也在逐年增加。但由于乡村发展的客观条件的限制，很多高校毕业的学生并不会将乡村作为第一选择，所以电子商务专业虽然每年毕业的学生不在少数，但对于农村电子商务人才不足的困境的缓解却非常有限。不可否认，在一系列政策的引导下，高校毕业生到乡村发展的人数呈现出逐年增加的趋势，但相较于农村电子商务的人才缺口，还存在一定的差距。高校围绕乡村电子商务企业、当地政府、培训学校等构建的电子商务人才培养的生态环境能够将高校与乡村有机地衔接起来，这种有机的衔接打通了一个学生了解乡村、了解农村电子商务的渠道，也提供了一个学生到乡村发展的渠道，这对于农村电子商务人才缺口、促进农村电子商务的可持续发展具有非常积极的意义。

2. 高校教育中电子商务人才培养的创新路径

（1）完善素质、能力课程体系

高校培养的电子商务人才不仅要具备专业技能，还要具备综合性的素养，所以，需要进一步完善素质、能力课程体系。

（2）创新电子商务人才培养教育模式

高校人才培养的模式不是一成不变的，而是应该随着社会的发展不断创新，以满足社会发展对人才的需求。高校电子商务人才培养同样如此，要不断改革和创新，才能应对电子商务的快速发展。

①订单培养模式。订单培养模式也叫人才定做，是指学校根据企业的需求去培养相适应的人才。订单培养模式解决了学生毕业后的就业问题，也解决了企业招人难、招人成本高等问题，所以，无论是学校还是企业，都应该积极寻求彼此合作，签订人才培养合同，然后学校按照企业的需求，实行灵活的培养模式，并在学生学习过程中定期组织学生到企业顶岗实习，培养真正符合企业需求的电子商务人才。由于本科类院校人才培养强调宽口径通识教育，订单培养模式强调专业技能，所以，订单培养模式更适用于一些职业类院校。

②校企联合培养。校企联合培养就是将企业纳入学生培养的体系中。电子商务专业是一门操作性较强的课程，除了理论课与实操课，还应该设置一些实践课程，这样能更好地促进学生能力的提升。校企合作就是将企业作为一个校外实习基地，高校在安排每学年的课程时，预留出一定的企业实习时间（一周到一月不等，具体结合每学年课程情况而定），让学生到企业生产实习，实现理论和实践的有机融合。学生在企业实习的过程中，学校应结合学生实习反馈的情况，评价当学年的教学，然后对教学规划做出相应的调整。对于企业来说，与学校合作能够提高学生毕业后来企业就业的概率，从而在一定程度上缓解企业人才紧缺的困境；另外，高校还可以为企业提供一定的培训服务，根据企业需求开展内部培训，帮助企业提升员工的整体素养。

（3）引进虚拟企业实习体系

虚拟企业就是模拟企业的真实情境，让学生在校内就可以模拟操作真实企业的工作内容。这里的模拟企业并不是假想的企业，也不是真实的企业，而是借助一定的模拟系统创建出来的企业，这些企业的运营与真实企业的运营一样，不同的是虚拟企业进行交易的货币是虚拟的，交易的企业也是虚拟的。虚拟企业实习体系旨在通过模拟企业真实的情境，提高学生的实操能力，虽然不能将真实企业的情境完全模拟出来，但作为理论教学的补充，也能够发挥非常重要的作用。

（4）构建电子商务人才教育评价体系

教育评价是根据一定的教育价值观或教育目标，运用可操作的科学手段，通过系统地搜集信息、资料并进行分析、整理，对教育活动、教育过程和教育结果进行价值判断，从而为不断完善自我和教育决策提供可靠信息的过程。教育评价对教学质量的提高起着重要的作用，而传统以理论考试分数为评价依据的模式显然不利于学生整体素养的发展，因此，要创新电子商务人才教育评价体系。

①评价主体多元化。一直以来，教师都是电子商务人才培养评价的主体，但教师评价主题单一，其评价难免存在偏颇。而且高校教学多为走班式教学，教师与学生之间的接触相对较少，教师对学生的了解有限，所以，评价学生时常常以学习成绩为主要的依据，这就不可避免地使得评价存在一定的片面性。鉴于此，高校应改变评价主体单一的模式，引入除教师以外更多的评价主体。首先，要增加学生自我评价和学生互评的环节。学生自评有助于学生进行自我审视，做到"吾日三省吾身"，让学生在自我审视中发现自身的问题并改正；学生互评能够让学生从更多的角度去了解自己，而为了让学生互评更加客观，互评应采取不记名的评价方式。其次，要增加企业评价的环节。企业评价的主体一般为与学校有合作的电子商务企业，企业的评价可以分为两个方面：一方面，是对前来实习的所有学生进行一个整体的评价；另一方面，是对实习学生个人进行的详细评价，这样既有助于学校对学生个人有充分的了解，又能够使学校通过对学生整体的评价了解当前教学的效果。

②评价内容多元化。在以往的教学中，教育评价的内容主要是学生学习的成绩，这不符合"以人为本"的教育理念，不利于学生的全面发展。因此，评价内容也要实现从单一到多元的创新，即学生应具备的、能够适应终身发展和社会发展需要的必备品格和关键能力。如果对学生核心素养体系进行进一步的解读，则其主要包含三个方面：文化基础、自主发展、社会参与。每个方面又具体包含两点内容，文化基础包括人文底蕴与科学精神，自主发展包括学会学习与健康生活，社会参与包括责任担当与实践创新。由此可见，学生发展不仅仅体现在专业技能的掌握上，还体现在专业技能以外的方方面面。因此，针对学生展开的评价内容也必然是多元的。

③评价方法多元化。教育评价方法指教育评价所采取的方法。因为教育评价的内容非

常丰富，单一采取某种评价方法很难满足教育评价的需求，所以，还需要构建多元的评价方法。依据评价标准，可分为相对评价、绝对评价、个体内差异评价、常模参照评价和标准参照评价；依据评价的功能，可分为诊断性评价、形成性评价、总结性评价；依据评价对象的范畴，可分为整体评价和单项评价、群体评价和个体评价。上述评价方法各有其优点和不足之处，在具体的教学实践中，应根据评价对象的特点、评价的目的进行灵活、综合的运用，这样才能充分发挥各评价方法的优点，从而使教育评价的效果最大化。

（二）校外培训中电子商务人才的培养与创新

校外培训的对象主要是乡村的常住人口，如农民、返乡工人等。相对于高校毕业生来说，他们在学历、技能上处于弱势，但他们是促进乡村电子商务发展的基础群众，没有他们的参与，乡村电子商务的发展也难以长远。但多数的农民、返乡工人对于电子商务所知甚少，这是多数农民不敢涉足电子商务领域的一个重要原因。因此，针对乡村中大量存在的农民、返乡工人等人，要积极开展电子商务培训，帮助他们逐渐掌握电子商务相关技能，从而稳步推进农村电子商务的可持续发展。

1. 乡村农民、返乡工人培养模式的创新

乡村中多数农民、返乡工人对电子商务的认识不足，要想提高他们的电子商务技能，仅仅依靠几场培训课程很难实现。就农村电子商务发展的现状来看，电子商务与乡村各产业相融合已成为必然的趋势，并且其渗透范围也必然会逐步扩大，所以，要对农民、返乡工人进行电子商务培训，就要帮助他们掌握一门适应乡村未来发展的技能。这不仅是为电子商务的可持续发展奠定基础，还为乡村振兴进程的加快奠定基础。因此，针对农民、返乡工人展开的电子商务培训一定要落到实处，而不是走形式地开展几场培训课程，这从长远发展的角度来看没有任何意义。

一般来说，一个县域内的农民、返乡工人数量较为庞大，所以，可以以县域为单位进行规划，但具体的实施应该以乡镇或村为单位，并且要因地制宜地开展，有机结合县域的独特地理位置、农村交通条件、经济条件等客观条件。在系统分析县域情况的基础上，坚持以政府组织为主导，以农民为主体，同时协调村级基层组织与社会组织的力量，构建"三位一体"的农民电子商务培训模式。

2. 乡村农民、返乡工人培养模式创新的要点

由于乡村农民、返乡工人等人的文化水平普遍较低，对电子商务的认识明显不足，所以，为了更好地构建上述"三位一体"的农民电子商务培养模式，有以下四个要点需要注意：

（1）做好电子商务的设施与技术支持

电子商务的发展离不开网络基础设施，虽然随着乡村振兴战略的不断推进，我国乡村基础设施建设在不断完善，但一些偏远的乡村仍旧没有实现互联网"户户通"，很多村民还没有对网络形成足够的认识，又怎么可能了解电子商务？这势必会影响培训的效果，也势必会对农村电子商务的发展产生影响。对于这些地区，要加快基础设施建设的进程，尽快实现互联网"户户通"，为电子商务培训以及电子商务发展奠定基础。另外，在已经完成互联网建设的大多数地区中，有些地区仍旧存在互联网技术上的空白，作为电子商务发展的技术支撑，互联网技术上的空白同样不利于电子商务的发展。因此，针对这些地区，县级相关部门要积极地引进和培训一批电子商务技术架构专业人员，给有需要的农民电子商务从业者以软件服务的支持。

（2）做好农民参与培训的带头性工作

农民对于新兴事物的接受程度较低，再加上很多农民对于电子商务并不了解，所以，大多存在一种参加培训就是浪费时间的心理，这样除了会影响对农民的组织，即便组织起来，培训的效果也会在这一心理的作用下受到影响。鉴于此，对于一些农民参与积极性较低的地区，可以通过点带面、面带片的方式，充分发挥带头人或带头村的作用，逐步调动这个地区农民参与电子商务培训的积极性。

（3）做好对农民的电子商务基础知识培训

由于很多农民对于电子商务的认识非常有限，所以，在具体的培训中，不能只培训电子商务技能。虽然电子商务技能非常重要，但只有让农民先对电子商务有所了解，才能促使他们思想观念上的改变，并进一步激发他们学习电子商务技能的积极性。电子商务基础知识培训包括对电子商务的介绍、电子商务与传统贸易模式的区别与联系、电子商务对农产品销售的重要意义、农村电子商务发展的趋势等。

对于农民而言，有些基础知识虽然重要但比较深奥且难以理解，考虑到多数农民学历不高、接受程度较差的情况，在整理电子商务基础知识时，要尽量将这些知识通俗化、简单化，使其易于农民理解。

（4）做好对农民的电子商务技能培训

电商技能是开展电子商务不可或缺的，所以，在做好基础知识培训的基础上，自然还需要做好电子商务技能的培训。电子商务技能培训是培训的重点，内容量也相对较大，包括网店的注册、网店的基本操作、网店的运营等，要让农民真正了解电子商务运营的基础流程。

三、农村电子商务可持续发展品牌化建设与创新

（一）农产品品牌化简述

1. 品牌与农产品品牌化

品牌是一种商品综合品质的体现和代表，同时作为一种可以增值的无形资产，能够给其所有者带来品牌附加值。农产品品牌化便是将这种品牌价值附加到农产品上，具体而言是指农业生产者或经营者向买者提供的用以区别竞争者产品或服务的一种标识以及能够传递一系列产品的特性、利益、文化等的总和。农产品品牌以物质为载体，以文化为存在方式，是农产品生产经营企业与顾客之间互动关系的结果。对农产品品牌主体来说，品牌是其重要的无形资产，是农业生产经营者占领市场和获取垄断利润的利器。

从农产品品牌的使用范围上来说，农产品品牌可以分为农产品品牌（狭义）、农产品区域品牌和农产品企业品牌。

（1）农产品品牌（狭义）。以个性化的名称为品牌命名，用于区别不同企业的农产品的质量差异，如"阿香"柑橘等。

（2）农产品区域品牌。农产品区域品牌是指一个地域内农产品生产经营者可以共用的公共品牌，公共品牌的形成通常以规模化、特色化的农产品的地域积累为基础，而地域的界定既可以是自然行政区域，又可以是跨行政区域。由此可见，农产品地域品牌具有产权模糊和利益共享的特点，如"五常大米""西湖龙井""烟台苹果"等。

（3）农产品企业品牌。农产品企业品牌是以农产品生产经营企业的名称为品牌命名，用以区别其他农产品企业的产品。从某种意义上来说，农产品企业品牌与农产品品牌是统一的，它们既是农产品品牌，也是农产品企业品牌，如"蒙牛""好想你""君乐宝"。

虽然电子商务在乡村的快速发展中对农业的发展起到了积极的助推作用，但是电子商务的出现并没有改变农产品贸易的本质，农产品仍然是电子商务发展的基础，所以，要促进农村电子商务的持续发展，农产品品牌化的建设是必然途径。

2. 农产品品牌化的意义

（1）有助于农产品的宣传推广

产品进入市场之后，对产品进行宣传推广是一个必然的过程，而要宣传推广就必须具有自己的品牌。而且当产品品牌形成一定的影响力后，产品品牌本身就成了一个流动的宣传载体，即产品流通到哪里，品牌便在哪里发挥作用，形成了一个品牌推广的叠加效应。

（2）有助于建立稳定的顾客群

企业注册品牌商标时需要呈报产品的质量说明，只有产品质量达标才能成功注册品牌商标，所以，品牌从某种层面上来说也是质量的象征。企业为了维护品牌形象，会严格按照标准生产产品，以保证产品的质量。如果产品质量降低，管理机构会依法对企业进行处置，维护消费者的权益。对于消费者来说，品牌是选择产品的一个重要的参考依据，消费者对某个品牌产生信任后，会不断购买该品牌的产品，从而形成该品牌稳定的顾客群。

（3）有助于维护专用权利

品牌商标注册之后，生产经营的企业既有保证产品质量的责任，又享受了法律保护的权利。品牌商标对企业来说非常重要，如果有其他人或企业冒用商标，势必会对企业造成负面的影响，从而损害企业的利益。因此，当遇到其他企业或个人擅自改造、使用本企业的已注册的品牌商标时，企业可依法对其提起诉讼，维护企业的利益。

（二）农产品品牌化建设的要点

1. 做好品牌定位

品牌定位是指为自己的品牌在市场上树立一个明确的、有别于竞争对手的、符合消费者需要的形象。品牌定位是建立在市场定位以及产品定位基础之上的，它是建立一个与目标市场有关的品牌形象的过程和结果。简单来说，品牌定位就是为产品确定一个适合的市场位置，并使产品在与消费者不断发生作用的过程中在消费者心中也占据一个特殊的位置。比如，可口可乐的市场定位是清凉爽口，当炎热的夏季来临，人们感到炎热口渴时，可口可乐清凉爽口的形象便会立刻浮现在脑海中，从而刺激人们购买的欲望。农产品也是如此，有了明确的品牌定位后，人们需要某种东西时，便会将这种需求与农产品的品牌定位关联到一起，然后产生购买该产品的欲望。在对农产品进行品牌定位时，企业可从以下三方面做出考虑：

（1）赋予该产品区别于其他产品的独特之处

要有明确的品牌定位，就要赋予品牌独特之处，这是品牌定位的基础。该产品如果与其他同类产品相比没有独特之处，那么就只能"泯然众人矣"，也就谈不上品牌的定位了。因此，从农产品生产的计划阶段开始，就要赋予该农产品某些独特之处，如口感好、绿色食品、营养丰富、香味浓郁等。当然，虽然农产品种类多，但现有农产品品种之间的同质化现象较为严重，所以，农产品被赋予的独特之处不一定是其他所有农产品都不具备的，只要能够区别于大多数的农产品即可。

（2）充分考虑消费者的需求

无论通过何种渠道，农产品销售面向的都是消费者，只有满足了消费者的需求，才能促进产品的销售，也才能在与消费者的相互作用下促进产品的品牌定位。但是"一千个读者，就有一千个哈姆雷特"，消费者与消费者之间或多或少存在着差距，一个产品不可能满足所有消费者的需求，所以产品品牌定位切忌求全，这样反而容易失去自身特点。其实，虽然不同的消费者有着不同的需求，但对于同一种产品，消费者需求也必然存在着正态分布的关系，既有人数需求相对较多的需求点（大众），也有人数需求相对较少的需求点（小众）。在借助大数据、云计算等技术对消费者需求进行分析的基础上，产品定位既可以选择大众面，也可以选择小众面，两种选择各有优势和劣势。大众面的人数相对较多，产品的受众更广，但竞争性无疑也更强；小众面人数虽然相对较少，但也是相对而言，我国人口基数巨大，所以，即便是小众面也有着较为可观的消费群体，而且小众面的消费者往往有着较强的自我喜好，一旦认同某个品牌，便会成为该品牌的忠实拥护者，企业也便得到了一批稳定的顾客，其缺点是风险也相对较大。至于如何选择，企业应该结合自身产品特点以及当前的市场情况而定。

（3）做好品牌定位的效应评价

品牌定位的目的是在消费者心中占据一个特殊的位置，定位成功与否应该从消费者的角度去考虑，而不是企业的一厢情愿，所以需要做好品牌定位的效应评价。品牌定位效应评价应主要考虑两个因子：一是消费者对品牌定位的感知程度；二是消费者对品牌定位的认可程度。如果消费者对品牌定位感知较弱，或者说认可度较弱，那就说明品牌定位失败。要明确这一点，就需要从消费者那里得到明确的反馈，而不是用数据进行推算。具体实施中可采取问卷调查的方式，确定消费者对于该品牌定位的感知程度和认可程度，以此作为评价品牌定位效应的依据。如果调查显示消费者对品牌定位的感知程度与认知程度不高，就说明企业品牌定位采取的方式或者传播途径不当，企业需要结合消费者的反馈情况进行改进，最终形成适合产品且消费者感知程度和认可程度较高的农产品品牌定位。

2. 塑造品牌形象

品牌形象是指企业或其某个品牌在市场上、在社会公众心中所表现出的个性特征，它体现公众特别是消费者对品牌的评价与认知。根据表现形式的不同，品牌形象可分为品牌的内在形象与品牌的外在形象，所以，对农产品品牌形象的塑造也应该从品牌的内在形象塑造与外在形象塑造两个方面着手。

（1）品牌内在形象的塑造

产品品牌的内在形象主要由产品的品质凸显，所以，农产品品牌内在形象的塑造应该以质量为主要切入点。尤其对于农产品来说，其涉及大众最为关心的食品安全问题，只有保证了农产品的质量，才能赢得大众的信赖，进而逐步形成良好的品牌形象。农产品质量的保证一方面靠政府机制的约束，即政府要加强农产品质量监管体系建设，确保农产品抽检的合格率达到98%以上，同时确保不合格的农产品不出村、不出街道，并使农产品中有毒、有害物质的残留量控制在限度范围内；另一方面，则依靠企业生产体系的完善，即企业要建立标准化的生产流程，确保农产品整个种植过程的安全性。与此同时，要依托科技不断对生产结构进行调整，把科技成果转化为现实的生产力，达到高产、优质的目的。另外，为了进一步提高大众对农产品质量的认可程度，可以依托信息体系的建设，建立绿色安全清洁的生产规程和管理流程，建立基于互联网技术的全程可追溯体系，强化农产品质量安全规范和体系建设，提高农产品质量安全水平，为品牌建设提供必不可少的支撑体系。

（2）品牌外在形象的塑造

品牌的外在形象主要体现在产品的名称、商标、外包装等几个外在方面。消费者对品牌的第一印象一般来自视觉形象，产品通过名称、商标、包装将产品的外在形象直接、快速地传递给消费者，所以，农产品外在形象的塑造也至关重要。首先，是品牌名称的设计。品牌名称在视觉和听觉上要给消费者一种舒适的感觉，且便于记忆，以便于品牌名称的传播与扩散。对于农产品来说，品牌名称可以新颖，但不要过于跳脱，和农产品没有丝毫的联系，这样容易让消费者产生一种华而不实的感觉，且不利于消费者将品牌名称和农产品联系起来。其次，是品牌商标的设计。商标作为一种视觉语言，一直以来被企业赋予独特的文化和内涵，它通过字符或者图案向消费者传递企业的文化，以创造品牌认知和品牌联想。农产品企业在设计品牌商标时，要重视其地域性及其象征性，设计表现上应结合产品销售终端定位人群的特点和审美好恶。设计构思和艺术创意要具备个性、时代感、适用性，一定要适用企业标准化的品牌理念和发展趋势。另外，品牌商标还可以和品牌名称有机结合起来，这样能够起到一种联动效应，加深消费者的品牌认知与品牌联想，如"三只松鼠"的商标就是三只可爱的松鼠，能够让消费者快速地将这三只可爱的松鼠和"三只松鼠"的品牌联系起来。最后，是品牌包装的设计。我国地域辽阔，不同地区有不同的农产品，且有不同的发展历史，农产品包装设计可以体现农产品的地域特色。另外，在强调绿色生产的今天，农产品的包装设计也可以体现绿色生态的设计理念，将环保、低碳、有机、循环、绿色等生态理念融入产品包装的设计之中，能够给消费者一种生态环保的感觉，从而赢得消费者的喜爱。

3.加强品牌的传播与保护

（1）农产品品牌的传播

在信息化时代，不重视品牌的传播推广，也就不能将品牌形象有效地传达给消费者和公众，品牌形象就难以被消费者知晓，那么品牌形象的塑造也就失去了意义，所以，加强农产品品牌的传播也是农产品品牌化建设的一个重要环节。具体而言，目前，农产品品牌的传播途径主要有以下五个渠道：

①自有渠道。自有渠道包括企业的自建网站、APP、各种自媒体账号、印制的宣传资料等。在自媒体时代，自媒体账号是企业进行农产品品牌宣传的一个重要的自有渠道，企业申请各类自媒体账号的门槛很低，但如果能够利用好各类自媒体账号，便能够起到很好的宣传推广效果。因此，在多种自有渠道中，企业要重视自媒体账号的维护和运营。

②媒体渠道。企业的各种自媒体账号也可以看作是媒体渠道，而除了自媒体，纸媒体、电视媒体、广播媒体、网络媒体等也都属于媒体渠道。虽然在互联网时代网络媒体的重要性愈加凸显，但其他媒体渠道也不能忽视。当然，由于不同的媒体渠道表达方式不同，并且其面向的客户群体也有所差异，所以，针对不同渠道设计的文案也应有所区别，这样才能使各个渠道的效用充分发挥。

③商务合作。商务合作就是寻求知名品牌的合作，这样不仅可以解决品牌传播的问题，也可以解决流量的问题。因为知名品牌自身具有较高的知名度、曝光度和信誉度，通过与知名品牌合作，可以借助知名品牌的光环吸引流量，并提高品牌知名度。对于一些已经具有一定知名度的农产品企业来说，品牌间的合作比较常见，双方都可以获得一定的利益，起到1+1>2的效果。但一些知名度较低的农产品企业往往需要支付一定的合作费才能取得与知名品牌合作的机会。

④举办活动。通过举办活动的方式进行宣传，不仅可以与消费者搭建一个互动的渠道，还可以为品牌的宣传提供一个宣传点。比如，公益活动可以体现出企业的社会责任感与担当，可借此赢得消费者对企业品牌的信赖；又如，用户参与活动可以拉近企业品牌与用户的距离，企业为用户营造出一种消费者至上的感觉，借此打造品牌的忠诚度。举办活动的方式很难在短期内奏效，所以，一定要持续地做下去，这样才能实现从量变到质变的突破。

⑤用户渠道。用户也是农产品品牌传播的一个重要渠道，因为用户是产品的使用者，用户的体验具有很强的说服力，通过老用户向新用户进行品牌传播不仅成本很低，而且转化率也非常高，所以，企业要注重用户渠道。用户传播一般是基于产品质量，即产品质量好才能促使用户进行自发的传播，所以诱导用户进行传播的主要前提是注重农产品的质量。

（2）农产品品牌的保护

农产品品牌化的建设是一项长期的工程，通常经过长时间的努力才能够取得一定的效果，而形成一定的品牌形象之后，如何保护品牌是企业必然要思考的事情。近年来，农产品冒名情况时有发生。比如，"阳澄湖大闸蟹"便多次被冒名，很多螃蟹仅仅是到阳澄湖中"洗了个澡"，便摇身一变成了"阳澄湖大闸蟹"；又如，五常大米、洛川苹果、赣南脐橙、胶东白菜等品牌深受消费者的欢迎，这些品牌犹如金字招牌，带动了一批优质农产品产销两旺，有力地促进了地方经济发展和农民增收，但这些品牌也同样存在被冒名的情况。农产品品牌被冒名不仅影响了该品牌的利益，还会影响该品牌的口碑和信誉，从而影响当地经济的发展。

鉴于此，要加强农产品生产企业的品牌意识，让生产者认识到品牌的重要性，对于冒名侵害自身利益的做法，要坚决运用法律的武器保护自己。另外，一些基于地域性发展起来的农产品品牌，如上文提到的五常大米、洛川苹果、赣南脐橙，没有独占性，很多的组织和企业都可以使用，如果使用该品牌的企业中有些企业不注重品质，造成了不良的社会口碑，整个品牌就都会受到影响，进而影响到整个地域的发展。针对这种情况，政府应该加强市场监管，秉承优胜劣汰的原则，将那些素质低、品质差的生产者淘汰，从而保障使用地域品牌的生产者整体维持一个较高的质量标准。当然，农产品品牌的保护除了通过一些外在的手段，还应该从产品本身着手，即生产者要严格组织生产管理，确保农产品的品质，这样才能长时间赢得消费者的信任，也才能使其品牌持续发光。

（三）农产品品牌化建设的创新路径

在"互联网+"的大环境下，农产品品牌化建设的创新路径就是充分借助互联网的优势作用，系统分析农村电子商务发展的趋势，从而有效地结合互联网，促进农产品品牌化的建设。关于如何在"互联网+"环境下推进农产品品牌化的建设。

1. 明确"互联网+"环境下农产品品牌化建设的方向

通过分析当前的农业市场以及农业品牌的形成情况，互联网农业品牌建设的方向大致有三个：细分品类领导品牌、专属消费品牌、服务品牌。

（1）细分品类领导品牌

细分品类领导品牌就是对农产品进一步分类，然后在每个种类中建立领导性的品牌。农产品的种类非常之多，但产品的同质化现象非常严重，很多种类的农产品都没有出现像"阳澄湖大闸蟹"这样的领导性品牌。但从某种层面来看，正是因为还有很多农业产品仍旧没有出现领导性的品牌，就为这些农产品的农业品牌留下了打造的空间。在未来，随着人们对品牌的越发重视，随着农业品牌化的不断发展，相信会有越来越多种类的农产品会逐渐成为细分品类中的领导品牌。

（2）专属消费品牌

专属消费品牌就是依据不同阶段、不同场合、不同时间人们对农产品需求的不同对农产品进行等级划分，然后建立专属性的农产品消费品牌。根据人们对农产品需求的不同，可以将农产品大致分为两个层级：①普通农产品，主要是为了满足人们市场饮食的需求，属于生活必需品，安全性是基础；②中高端农产品，除满足饮食需求外，还满足人们的一些特殊需求，如营养、品质、特色等，所以，一些特色农产品也属于中高端农产品的行列，安全性同样是基础。基于此，针对农产品品牌建设的一个方向就是在层级上做一定的划分，针对不同的层级，打造相应的专属消费品牌。

（3）服务品牌

在今天，人们对于服务的重视程度与日俱增，通过服务去打造农业品牌无疑也是一个发展的方向。例如，零食品牌"三只松鼠"会在发给消费者的商品中附带一些小工具，如湿巾、剥壳器、封口夹等，虽然只是很小的一些工具，但这种体现在细节中的服务让消费者得到了良好的购物体验，提升了消费者对品牌的好感。当然，通过服务建立农产品品牌只是一种手段，其基础是农产品，不能为了服务而服务，要兼顾农产品的质量，这样才有助于农产品品牌的长远发展。

2."互联网+"环境下农产品品牌化建设的创新路径

在互联网农产品品牌化发展的过程中，应该将生产、流通、推广、消费等环节通过互联网平台进行有机的融合，打破以往农产品品牌化建设中生产、流通、推广、消费等环节的相互割裂，消费者体验差、参与度低的状态，使农业的整个生产链有机融合为一体，从而快速推动农产品品牌化发展。

（1）"互联网+"下规模化、智能化生产

农业在借助互联网进行品牌化发展的过程中，要融入规模化、智能化的生产理念。所谓规模化，顾名思义，就是生产具有一定的规模，这样才能在市场中产生一定的影响力和知名度。智能化是现代农业发展的必然趋势，引进智能化的生产设备不仅可以提高生产效率，还可以使生产流程更加标准化，从而提高产品的品质，提高人们对农产品的信任程度。

（2）"互联网+"下绿色、可追溯的加工模式

食品安全问题一直是消费者最为关注的话题，消费者希望买得方便，更希望买得放心、吃得安心，而绿色、可追溯的加工模式无疑给消费者吃了一颗定心丸，让消费者能够清楚、明了地看到加工过程，从而消除对食品安全的担忧。

（3）"互联网+"下的多渠道推广

对农产品进行推广是提高其市场知名度的一个重要途径，在互联网时代，随着各种互联网平台的不断崛起，人们不再单纯集中在某一个平台中，而是分散在各个互联网平台，所以，农产品的推广也必然要多渠道同步进行。

（4）"互联网+"下保质、快捷的流通模式

"互联网+"下农业品牌的打造不能缺少网络购物这一渠道，但只有实现了保质、快捷的流通模式，才能给消费者带去良好的购物体验，才有助于农业产品品牌化的发展。而要实现农产品保质、快捷地运输，就必须有完善的物流体系作为支撑，尤其要具备冷链物流系统，这样可以大大降低农产品腐烂、变质的风险。

（5）"互联网+"下体验式的消费模式

随着人们生活水平的不断提高，人们的需求也在发生巨大的变化，消费者从过去只满足于温饱的时代进入了一个具有更高级需求的新时代，消费者在消费的过程中更加强调所获得的体验与经历，体验式消费已成为我国目前消费结构中重要的组成部分。对于农产品来说，"互联网+"下体验式的消费模式使得消费者在观光体验的过程中，对农业生产有了更为深入的认识，并且在近距离的接触中产生了信任感，有助于农产品线上的销售以及品牌的形成。

四、农村电子商务可持续发展平台建设新趋势

农村电子商务发展之初依托的平台主要是各大电子商务平台，如淘宝、京东、拼多多等电子商务平台，这些电子商务平台发展得已经较为成熟，是支撑农村电子商务可持续发展的重要平台。当然，就互联网以及农村电子商务发展的趋势来看，自媒体平台是农村电子商务平台建设的一个新的趋势，这是支撑农村电子商务可持续发展的一个重要力量。就当前自媒体发展的现状来看，农村电子商务自媒体平台主要包括微博平台、微信平台、直播平台和短视频平台四个。

（一）微博平台

1. 基于微博平台的推广

作为全球最大的中文社交全媒体平台，微博在2022年9月的月活跃用户数为5.84亿，日均活跃用户数为2.53亿。如此大的用户活跃量决定了微博是一个推广农产品的重要渠道，而基于微博平台推广的方式主要有互动推广、代言营销推广和情感营销推广三种。

（1）互动推广

在传统推广方式中，企业与消费者之间的信息传递关系是主动传递和被动接收的关

系，但是面对企业广撒网的信息传递方式，一直被动接收信息的消费者会产生厌烦心理，而这也是导致企业营销效率大幅降低的主要原因。相比于此，以微博为平台的新型推广方式（也叫微博互动推广方式）不仅能够使企业与客户之间更具互动性，还能以其灵活的互动与沟通方式凸显消费者的主导地位与作用，从而提升企业推广效果。在微博互动推广中，企业与客户之间通过微博页面进行信息的分享与互动，互动方式既可以选择公开的方式，也可以选择私聊的方式，而采用无论哪种方式，这种互动都体现了企业对客户主导作用的尊重。因此，很多农产品企业都开通了官方微博及客服账号，为客户全方位解答所要了解的问题，同时借助微博这个平台加强与客户之间的交流与互动，促进消费者购买产品的积极性，并在客户购买或消费的过程中，结合一些口碑策略来有效宣传和推广商家或企业及其产品，以提升自身的市场知名度，进而提升市场占有率。

（2）代言营销推广

微博代言营销推广是指通过微博中的名人效应来快速有效地推广产品的一种方式。微博中的名人具有较高的人气和关注度，这些名人的明星效应可以为产品创造一个快捷、有效的推广机遇，让大量的用户关注到该产品。代言营销推广依据的是"粉丝"对名人的信任心理，即"粉丝"信任名人，所以也爱屋及乌地信任该名人代言的产品。当然，吸引消费者的关注或使其购买只是第一步，如何留住消费者才是关键。对于消费者而言，质量永远是第一位的，所以，在借助微博进行代言营销推广的同时，不能忽视产品质量。质量是一个永恒的话题。

（3）情感营销推广

微博情感营销推广就是围绕着客户的情感意识或经验来进行相关产品营销推广的一种方式，主要内容有情感包装、情感广告与情感促销等。随着我国城镇化进程的不断加快，我国社区也逐渐从熟人社会向陌生社会转变，在这种陌生社会的大环境下，消费者在消费的同时，也在寻求一种情感上的满足、一种心理上的认同，所以，把握消费者的情感需求已经成为影响企业营销推广的一个重要因素。借助微博平台，企业可以与消费者进行深入互动，深入了解消费者的情感诉求，并针对消费者的情感需要，将产品或服务各要素及营销推广过程注入情感，赋予其感性色彩，从而唤起和激发消费者的情感需求，诱导消费者产生心灵上的共鸣。

2. 基于微博平台的运营策略

在建立官方微博账号之后，便可以通过推广以及与用户的互动将企业及产品信息传递出去，扩大企业和产品的影响力。至于具体的策略，可以参考积分制度与内容运营策略两种方式。

（1）积分制度

设定合理的积分制度不仅能培养客户的忠诚度，还能提高客户参与微博互动的积极性。因此，企业可以设计合理且更具有诱惑性的微博积分制度，即微博粉丝通过转发所制定的具有积分的微博来获得相应的积分，然后利用自己的积分来参加企业开展的相关营销活动，并换取或换购有关产品或服务。

（2）内容运营策略

微博内容运营就是借助文字、图片或视频等内容维持和吸引平台用户。微博是全球最大的中文社交全媒体平台，平台上的信息非常多，要想在大量的信息中脱颖而出，就需要具备优质的内容，且符合平台用户信息浏览的偏好。微博用户群体呈现年轻化趋势，其中，90后和00后的占比最大，女性用户规模高于男性用户。在生活消费、兴趣关注上，不同年龄段微博用户呈现出明显的代际特征。这些特征是企业进行内容制作时要充分思考的要素，因为内容只有符合用户的浏览偏好，才能够更好地被传播出去，避免出现"酒香难出深巷"的局面。

（二）微信平台

1. 微信公众号与微商城

（1）微信公众号

提起微信公众号，想必很多人都不陌生，微信公众号的出现打开了自媒体时代的大门，任何人或者企业都可以申请微信公众号，且微信公众号还可以成为商城平台，用于产品的销售和推广。从个体商户、企业互联网化发展需求的角度来看，微信公众号在促进农村电子商务可持续发展上具有以下三点优势：

①微信具有庞大的用户群体，且使用频率很高，易于传递信息。

②相较于网站或APP的开发而言，微信公众号开发周期短、费用低，并且操作相对简单，只需要将相关信息发送到对应的账号中即可。

③个体商户可以借助微信公众号建立自己的粉丝群体，且粉丝忠实度和客户黏性更高，更利于发展和维护自己的客户群体。

（2）微商城

微商城是以微信为交流沟通媒介发展起来的微商群体，并以此为基础形成了特有的商业模式。其充分利用了微信的优势特点，为客户之间的交易提供了更为便捷的电子商务平台，也为商家的产品宣传与品牌推广提供了低成本、高效率的营销方式。微商城是在微信与微信公众号基础上发展而来的，相比于其他电子商务平台而言，微商城也具有自身优势，主要体现在以下三点：

①成本较低。微商城的出现使商家企业不仅可以通过用户体验后的口碑传播快速建立起良好的品牌形象，还可以将自家商品通过多种方式进行更好的宣传和展现。另外，对于消费者来说，通过微商城不仅可以了解到产品的价格，还可以随时随地获得更多细致的信息，这在一定程度上使商家企业能够以更低的宣传成本获得更多的网站访问量，解决了传统电商宣传成本高、顾客量少的问题。

②推广销售一体。企业在微信公众号中对产品进行推广之后，可以将相应产品的购买链接设置到文章的最后，此时用户刚刚阅读完推送的文章，购买产品的欲望是最大的，将购买的链接设置到用户触手可及的地方会大大增加用户购买的概率。

③流量闭环。由于微商城是基于微信和微信公众号的一种营销模式，所以，微信平台内的流量不会外流，能够形成流量的闭环。但在其他开放的电子商务平台，通过一些渠道推广而来的客户是客源共享的，这就容易导致推广而来的客户被竞争对手抢夺，从而造成流量的流失。

2. 基于微信平台的推广与营销

微信朋友圈是一种建立在强关系基础上的人际关系网络，根本价值在于对强关系的挖掘，对于社交电子商务来说，每个人的微信里都有大量的人脉，可挖掘的市场巨大。基于微信平台的推广与营销虽然是以微信公众号和微商城为技术支撑，但归根结底依靠的是微信朋友圈建立起的强大的人际关系网络。依靠微信朋友圈的推广是移动互联网的即时通信交流工具的产物，在构建营销体系时，也要从企业或个人的品牌特质出发，打造一个线上线下相结合的整体的品牌传播与品牌推广的生态网络，需要线上线下全局性考虑。"朋友圈"功能正是在具有超强黏性的微信人脉的基础上形成辐射性作用。

（三）直播平台

1. 短视频的特点与优势

短视频一般是指目前流行于移动网络平台的一种视频传播和分享方式，其长度为十几秒到几分钟不等。绝大多数短视频来自用户手机的即时拍摄和上传分享，观看用户可以为视频点赞乃至打赏，广告商也可以通过这种方式进行宣传，一些视频发布者可以以此获得收入。短视频内容涉及娱乐、科普、时尚、美妆等生活的各个方面，目前，短视频已经成为一个多元化的传播平台。与传统的视频平台以及直播平台相比，短视频具有以下特点，这些特点也是短视频的优势所在：

（1）更适合快节奏的生活

如今，人们的生活节奏越来越快，碎片化的时间越来越多，而短视频的时间通常在十几秒到几分钟之间，人们可以利用碎片化的时间去观看短视频，获得身心的放松与愉悦，这也是短视频能够在短短几年时间实现快速发展的一个重要原因。

（2）短视频的制作门槛较低

短视频的制作非常简单，只需要一部智能手机便可以实现，尤其随着抖音、快手等短视频软件功能的不断开发（如滤镜、特效等功能），借助这些软件便可以快捷制作出高质量的短视频。

（3）社交属性强

像抖音、快手、微信视频号等短视频软件，亲戚朋友之间只要注册了平台账号，便可以相互进行关注，关注后可以看到对方在平台的动态，而且能够通过点赞、评论等方式进行互动。另外，在这些平台拍摄的短视频还可以分享到其他社交平台上，如当你看到一个有趣的视频时，便可以将这个视频分享给好友，这种互动避免了没有共同话题的尴尬，有助于维护朋友之间的关系。

2. 基于短视频平台的推广与营销

短视频的出现不仅孕育了一个全新的行业，越来越多的人开始通过兼职或专职从事短视频拍摄获得收入，还为越来越多的人创造了一个与其他人进行即时性互动的机会和平台。随着短视频影响力的不断提升，越来越多的企业或商家开始尝试运用短视频平台进行产品的推广与营销，并取得了不错的成效。现阶段农村电子商务的发展也应该积极利用短视频平台，通过短视频平台进行农产品的推广与营销，从而助力农村电商的可持续发展。具体推广与营销方法如下：

（1）以农户为主体录制农业生产生活视频

农户是质朴的代名词，也是一个社会身份的代名词。提起农户，很多人脑海中都会浮现出耕耘在天地间的朴实、勤劳的一个人、一群人，这种场景对于很多在城市中生活的人来说比较陌生，也具有一定的吸引力。其实，劳动本身就是美的，在很多艺术家的笔下，田间劳动的景象成了一幅幅名画，这又为田间劳动的场景增添了几分美的色彩。因此，农产品企业或电子商务经营者可以把农户作为短视频的主体，把农户日常家庭生活中的场景以及其在田间工作的场景录制下来，然后配以文字或语言解说，将农户这一主体身上所具备的朴实无华的精神凸显出来，向大众，尤其是城市中的群体传递乡村所特有的味道，从而让大众在对乡村生活、乡村场景以及农业生产活动有所了解的基础上，接受乡村的农民以及乡村的农产品。

（2）以农产品为主体设计推广与营销视频

借助短视频平台的目的之一就是促进农产品的营销，从而拓宽农村电子商务发展的路径，促进农村电子商务的可持续发展。所以，在进行短视频设计时，除了以农民为主体，还可以以农产品为视频的主体。在对具体视频进行设计时，要明白用户观看视频的目的是放松和娱乐，不会花费过多的脑细胞去记住农产品的卖点、成分等内容，所以，短视频在体现农产品的卖点时，一定要体现最为直观和最能抓住消费者的一个核心卖点，如形态、口感、工艺等某个方面的特别之处。农产品核心卖点的展示可以遵循"136法则"，即第1秒就要先声夺人，吸引大家注意，3秒内露出产品，6秒内展示产品核心卖点，这样才能在短时间内将农产品的卖点有效地传递给消费者，从而促进消费者购买决策的产生。同时，还要通过增强互动，提升消费者黏性，可以设置一些挑战类的话题，引导互动，吸引消费者评论；通过积极回复消费者评论，与他们对话，以引起情感共鸣，使他们成为忠实消费者。

第五章　生态学视角下的乡村振兴

第一节　乡村环境生态建设

一、乡村环境生态建设的内涵

乡村环境建设是全面建成小康社会的重要内容和优先发展领域。随着城乡一体化的发展，乡村环境建设的研究内容不断延伸与拓展，乡村环境建设成效明显。但是，随着城乡一体化进程的推进，乡村环境建设也面临着严峻考验，多数乡村生态环境逐步趋于恶化，乡村环境保护和管理的法律法规不健全，出现了农业生产和居民生活排污、工业污染加剧等问题，影响和制约着乡村现代化发展进程，威胁着广大人民群众的身心健康。

我国进入中国特色社会主义新时代，社会主要矛盾已经转化为人民日益增长的美好生活需要和不平衡、不充分的发展之间的矛盾。"美好的生活需要"包括人与自然的和谐共生，因此，只有正确认识和妥善处理人与自然的关系，才能实现我国经济的长期性发展、可持续发展，所以，党和国家根据我国新时代的具体国情，提出要实现生态产品从量到质的飞跃，以满足人民日益增长的美好生活需要。人与自然是命运共同体，人类必须尊重自然、顺应自然、保护自然。人类只有遵循自然规律才能有效防止在开发利用自然上走弯路，人类对大自然的伤害最终会伤及人类自身，这是无法抗拒的规律。在中国特色社会主义新时代，建设的社会主义现代化不仅仅是经济迅速发展带来的物质文明现代化，还包括人与自然和谐共生的生态文明现代化。为实现生态文明现代化，必须认真贯彻绿色发展、低碳发展的生态理念，自上而下地提高全民族保护生态环境的自觉性和主动性，在全国范围内增强保护自然的自觉意识，同时为进一步恢复生态环境，加快生态文明体制的改革，建立生态文明制度体系，以法的形式监督、促进生态文明的改革和建设。

二、乡村环境生态建设体系的形成

（一）增强乡村生态环境保护的使命感

各级农业农村部门要深入学习贯彻生态文明思想，切实把思想和行动统一到中央决策部署上来，深入推进农业农村生态环境保护工作，提升农业农村生态文明。要深刻把握人与自然和谐共生的自然生态观，正确处理"三农"发展与生态环境保护的关系，自觉把尊重自然、顺应自然、保护自然的要求贯穿到"三农"发展全过程。要深刻把握"绿水青山就是金山银山"的发展理念，坚定不移地走生态优先、绿色发展新道路，推动农业高质量发展和农村生态文明建设。要深刻把握良好生态环境是最普惠民生福祉的宗旨精神，着力解决农业面源污染、农村人居环境脏乱差等农业农村突出环境问题，提供更多优质生态产品以满足人民对优美生态环境的需要。要深刻把握山、水、林、田、湖、草是生命共同体的系统思想，多措并举、综合施策，提高农业农村生态环境保护工作的科学性与有效性。要深刻把握用最严格的制度、最严密的法治保护生态环境的方法路径，实施最严格的水资源管理制度和耕地保护制度，给子孙后代留下良田沃土、碧水蓝天。

（二）推进农业绿色发展的重大行动

推进化肥减量增效。实施果菜茶有机肥替代化肥行动，支持果菜茶优势产区、核心产区、知名品牌生产基地开展有机肥替代化肥试点示范，引导农民和新型农业经营主体采取多种方式积造施用有机肥，集成推广化肥减量增效技术模式，加快实现化肥使用量负增长。推进农药减量增效，加大绿色防控力度，加强统防统治与绿色防控融合示范基地和果菜茶全程绿色防控示范基地建设，推动绿色防控替代化学防治，推进农作物病虫害专业化统防统治，扶持专业化防治服务组织，集成推广全程农药减量控害模式，稳定实现农药使用量负增长。

推进秸秆综合利用。以东北、华北地区为重点，整县推进秸秆综合利用试点，积极开展肥料化、饲料化、燃料化、基料化和原料化利用，打造深翻还田、打捆直燃供暖、秸秆青黄贮和颗粒饲料喂养等典型示范样板。加大农用地膜新国家标准宣传贯彻力度，做好地膜农资打假工作，加快推进加厚地膜应用，研究制定农膜管理办法，健全回收加工体系，以西北地区为重点建设地膜治理示范县，构建加厚地膜推广应用与地膜回收激励挂钩机制，开展地膜生产者责任延伸制度试点。

（三）着力改善农村人居环境

各级农业农村部门要发挥好牵头作用，以农村垃圾、污水治理和村容村貌提升为主攻方向，加快补齐农村人居环境突出短板，把农村建设成农民幸福生活的美好家园。加强优化村庄规划管理，推进农村生活垃圾、污水治理，推进"厕所革命"，整治提升村容村貌，打造一批示范县、示范乡镇和示范村，加快推动功能清晰、布局合理、生态宜居的美丽乡村建设。发挥好村级组织作用，多途径发展壮大集体经济，增强村级组织动员能力，支持社会化服务组织提供垃圾收集转运等服务。同时调动好农民的积极性，鼓励投工投劳参与建设管护，开展房前屋后和村内公共空间环境整治，逐步建立村庄人居环境管护长效机制。学习借鉴浙江"千村示范、万村整治"经验，组织开展"百县万村示范工程"，通过试点示范不断探索积累经验，及时总结推广一批先进典型案例。

（四）切实加强农产品产地环境保护

加强污染源头治理，会同有关部门开展涉重金属企业排查，严格执行环境标准，控制重金属污染物进入农田；同时加强灌溉水质管理，严禁工业和城市污水直接灌溉农田。开展耕地土壤污染状况详查，实施风险区加密调查、农产品协同监测，进一步摸清耕地土壤污染状况，明确耕地土壤污染防治重点区域。在耕地土壤污染详查和监测的基础上，耕地环境质量划分为优先保护、安全利用和严格管控三个类别，实施耕地土壤环境质量分类管理。以南方酸性土水稻产区为重点，分区域、作物品种建立受污染耕地安全利用试点，合理利用中轻度污染耕地的土壤生产功能，大面积推广低积累品种替代、水肥调控、土壤调理等安全利用措施，推进受污染耕地安全利用。严格管控重度污染耕地，划定农产品禁止生产区，实施种植结构调整或退耕还林还草。扩大污染耕地轮作休耕试点，继续实施湖南长株潭地区重金属污染耕地治理试点。

（五）大力推动农业资源保护

加快发展节水农业，统筹推进工程节水、品种节水、农艺节水、管理节水、治污节水，调整优化品种结构，调减耗水量大的作物，扩种耗水量小的作物，大力发展雨养农业。建设高标准节水农业示范区，集中展示膜下滴灌、集雨补灌、喷滴灌等模式，继续抓好河北地下水超采区综合治理。加强耕地质量保护与提升，开展农田水利基本建设，推进旱涝保收、高产稳产高标准农田建设。推行耕地轮作休耕制度，坚持生态优先、综合治理、轮作为主、休耕为辅，集成一批保护与治理并重的技术模式。加强水生野生动植物栖息地和水产种质资源保护区建设，建立长江流域重点水域禁捕补偿制度，加快推进长江流域水生生物保护区全面禁捕，加强珍稀濒危物种保护，实施长江江豚、中华白海豚、中华鲟等旗舰物种拯救行动计划，全力抓好以长江为重点的水生生物保护行动。大力实施增殖放流，加强海洋牧场建设，完善休渔禁渔制度，在松花江、辽河、海河流域建立禁渔期制度，实施海洋渔业资源总量管理制度和海洋渔船"双控"制度，加强幼鱼保护，持续开展违规渔具清理整治，严厉打击涉渔"三无"船舶。加强种质资源收集与保护，防范外来生物入侵。

（六）显著提升科技支撑能力

要突出绿色导向，把农业科技创新的方向和重点转到低耗、生态、节本、安全、优质、循环等绿色技术上来，加强技术研发集成，不断提升农业绿色发展的科技水平。优化农业科技资源布局，推动科技创新、科技成果、科技人才等要素向农业生态文明建设倾斜。依托畜禽养殖废弃物资源化处理、化肥减量增效、土壤重金属污染防治等国家农业科技创新联盟，整合技术、资金、人才等资源要素，开展产学研联合攻关，合力解决农业农村污染防治技术瓶颈问题。发布重大引领性农业农村资源节约与环境保护技术，加强集成熟化，开展示范展示，遴选推介一批优质安全、节本增效、绿色环保的农业农村主推技术。

（七）构建农业生态环境保护的制度体系

落实农业功能区制度，建立农业生产力布局、耕地轮作休耕、节约高效的农业用水等制度、建立农业产业准入负面清单制度，因地制宜地制定禁止和限制发展产业目录。推动建立工业和城镇污染向农业转移防控机制，构建农业农村污染防治制度体系，加强农村人居环境整治和农业环境突出问题治理，推进农业投入品减量化、生产清洁化、废弃物资源化、产业模式生态化，加快补齐农业农村生态环境保护突出短板。健全以绿色生态为导向的农业补贴制度，推动财政资金投入向农业农村生态环境领域倾斜，完善生态补偿政策。加大政府和社会资本合作（PPP）在农业生态环境保护领域的推广应用，引导社会资本投向农业资源节约利用、污染防治和生态保护修复等领域。加快培育新型市场主体，采取政府统一购买服务、企业委托承包等多种形式，推动建立农业农村污染第三方治理机制。

（八）建立健全考核评价机制

各级农业农村部门要切实将农业生态环境保护摆在农业农村经济工作的突出位置，加强组织领导，明确任务分工，落实工作责任，确保党中央、国务院决策部署完全落到实处。深入开展教育培训工作，提高农民节约资源、保护环境的自觉性和主动性。完善农业资源环境监测网络，开展农业面源污染例行监测，做好全国农业污染源普查，摸清农业污染源基本信息，掌握农业面源污染的总体状况和变化趋势。依托农业面源污染监测网络数据，做好农业面源污染防治延伸绩效考核，建立资金分配与污染治理工作挂钩的激励约束机制。探索构建农业绿色发展指标体系，适时开展部门联合督察，对绿色农业的发展情况进行评价和考核，压实工作责任，确保工作纵深推进、落实到位。坚持奖惩并重，加大问责力度，将重大农业农村污染问题、农村人居环境问题纳入督察范围，对污染问题严重、治理工作推进不力的地区进行问责，对治理成效明显的地区予以激励与支持。

第二节　乡村景观生态建设

一、乡村景观生态建设的概念和特征

（一）乡村景观生态建设的概念

1. 乡村景观

"乡村"顾名思义，指的是农村；"景观"则指的是在不同时间、不同地貌、不同人文构成的综合系统，在艺术上则称之为"风景"。乡村景观的涵盖范围较为广泛，它是一个复合的生态系统，主要包含经济、社会、人口、生态等要素。简单来说，除去城市景观后，剩下的景观都可以称为乡村景观。"乡村景观"一词被广泛运用起源于 1974 年，联邦德国地理学家博尔恩（Borne）在《德国乡村景观的发展》报告中阐述了乡村景观的内涵，并根据聚落的形式，划分了乡村景观发展的不同阶段，着重研究了乡村发展与环境、人口密度与土地利用的关系。

乡村景观是乡村地域综合体的基本构成单元，兼具经济、文化、社会、生态和美学等多重价值，反映了不同地域的文化内涵和精神实质。对比来看，乡村景观是有别于城市景观的以农业为主的景观环境综合体，包括聚落景观、自然景观、农业景观三大要素。乡村景观是在城市景观与自然景观之间的过渡部分，因此，具有不稳定性和被动性。

2. 乡村景观的生态建设

现如今，越来越多的乡村景观研究开始注重对生态文明思想的阐述，并将实践与生态文明建设统一起来。我国学者曹家翔等认为乡村的生态与生产、生活方式是相辅相成的，当人与社会处于生态平衡的状态，乡村景观建设才能实现高水平、高效益的可持续发展。中国科学院院士杨乐则认为生态景观建设将生态环境和空间规划有机结合起来，调整和构建空间结构，强化原有生态系统的功能，提升自我修复的效率。生态景观建设的目标在于设计出与土地和谐发展的方案，形成环境健康、可持续生产与生活的景观。

我国乡村景观，由于人类对其的干预和破坏相对较小，这些乡村景观独特的特点和完整的地域文化特征也就保存得相对比较完整。而山村地区由于远离城市，极少遭受人类干预，与平原地区的乡村相比，更具有独特的景观资源。由于山区的经济落后，生态环境变得脆弱和敏感。这种类型的乡村在社会的快速发展中面临着巨大的威胁，这就需要我国的乡村景观在科学合理的规划中进行，它是促进未来社会生态经济可持续发展的必行之路。

（二）乡村景观生态建设的特征

乡村景观是将具有特定景观行为、形态和内涵的景观类型，通过前期设计规划，最终落实到乡村建设中。乡村形态由分散的农舍到能够改善和提供优美乡村居住环境和生活服务功能的具有生态综合性的新型乡村，也是实现乡村土地利用由粗放到具有明显乡村田园生态特征的新乡村生态体系，主要是利用景观设计手段完成对自然环境的合理改造。例如，通过对村落出入口、街道、林草、农田、水体、畜牧等进行系统的景观设计使其具有一定的乡村景观生态特征，这些特征综合起来表现为以下三个方面：

1. 乡村景观生态的开放性

理想状态下的乡村景观是一个开放的景观生态系统，它与城市生态之间存在着先天的生态交流，具体可以表现在它与城市的交流上面。除了城市的供水、蔬菜的供给等之外，乡村生态依托自身较强的生态系统更好地弥补了因城市扩张带来的环境生态问题，而这些因素也维持着两个景观生态系统之间的平衡。

2. 乡村景观生态的多样性

我国拥有丰富的自然地貌和多样的自然气候条件，因此，乡村具有丰富的自然景观和人工景观，例如，乡村农田景观、河流堤坝景观、街道绿化带等。其景观元素多样，不同的乡村又有不同的景观要素，所以又能组成不同的景观，例如，乡村道路两旁尽量选择乡村特色的树种作为景观街道绿化的主要树木，居民墙边、路旁树木下的带状绿地植被，宜选用绿篱或树形紧凑的花灌木与主体树木形成高低搭配和装饰的作用，乡村零星绿地应以乔木、灌木、宿根花卉组成立体植物结构，使整体的乡村景观各具特色。

3. 乡村景观生态的脆弱性

随着人类对乡村景观利用的加深和城市化进程的加快，自然村的快速减少及耕地和其他的非建筑类用地日益减少，乡村景观所具有的自我恢复能力也逐渐变差，从而导致一些地方生态系统的破坏，景观的紊乱性愈加明显。从本质上说，降低了乡村自身生态系统的自我调控能力。

二、乡村景观生态建设与规划

（一）乡村景观生态建设的原则

1. 整体性原则

乡村景观是由一系列生态系统组成的具有一定结构和功能的整体，能够为乡村生态系统的自我修复提供一定帮助，是自然与乡村文化生态系统的复杂载体。同时，景观规划与设计需要把多学科、多领域知识进行整合，把景观作为一个整体单位来思考和设计，将乡村景观的所有因素完美地整合在一起，从而使乡村生态达到最佳状态，达到改善和提高乡村生态环境的目的。

2. 景观多样性原则

乡村景观的多样性可以看作是生态环境资源质量的计量单位，包括自然物种的多样性、景观的多样性及人工景观的多样性，所以，即使损失了某些要素，也可以维持其基本框架与整体特征。多样性既是景观规划与设计的准则，又是景观管理的结果，良好的景观设计需要体现出乡村景观的多样性。

3. 生态美学原则

乡村景观既要遵循大众审美原则，又要遵循生态美原则。生态美包括自然美、生态关系的和谐美及景观设计与乡村环境融合的美。生态美不仅强调人为的规则、对称、形式、线条等，更是景观规划与设计的最高美学准则。在规划与设计乡村景观时，尽可能有效地保护自然景观资源（森林、湖泊、草地、沼泽）。同时，依据自然生态系统和生态过程进行规划设计，形成优美的乡村景观，使自然环境之美与景观设计之美达到和谐统一。

（二）乡村景观生态建设的策略

1. 整体规划中需要合理构建系统布局

乡村景观生态系统是嵌在整个生态系统中的一个组成部分，具有融合城市景观生态系统与自然景观生态系统的过渡功能，呈现"无明显界限和连续性等特点"。因此，基于系统分析的乡村景观设计，要充分尊重所在地的自然情况，因地制宜、精耕细作；按照该生态系统特定的发展规律和现实情况，精准施策、对症下药；甄别涉及场地生态系统的保护与修复等情况，统筹兼顾、因势利导。乡村景观生态系统要有别于城市景观生态系统，仅简单套用城市景观生态系统的运行模式，难以把乡村问题解决好，还会加剧城市扩张，产生负面效应。

在这一过程中不能忽视个性，扎根在这样的土壤上，更要着力主打个性化元素，通过设计手法表现出来。目前较为流行的乡村景观规划方式中，多采用传统技法、传统材料或乡土植物元素，不断增强乡村景观规划的设计感，使自然归属自然。

2. 阶段建设中需要践行绿色发展观念

生态景观规划本身是一个动态的过程，在不同阶段应呈现出不同的景观风貌，挖掘出不同的人文价值与经济价值。客观上要将生态理念运用到阶段建设的始终，尊重当时当地的自然、人文、社会资源。从长期角度来说，生态系统随着时间的推移演替更新，最终形成稳定的生态群落结构；从瞬时角度来说，当前气候条件变化无常，灾害的破坏力日益增加，乡村景观设计要通过人为设计，结合生态系统的自我修复能力，营造出具有多层次系统的弹性景观，支持整个系统的可持续运转。当整个生态系统中的某一个部分受到外部因素的破坏时，保证整体系统依然可以正常发挥其生态效益。

3. 理念应用中需要融入人为参与意识

中国古典园林体现的"天人合一"思想强调人的生活不能悖逆自然界的普遍规律，人和社会的发展应与自然相适应、协调。这种观念传承至今，其精神内核已成为人与自然环境和谐共生的重要依据。

在生态理念下开展景观规划实践，不能忽视人的存在，要充分重视人在乡村景观规划中的活动能力，尊重人对整体系统产生的影响及其在保持系统稳定中发挥的作用。因此，村民也应该成为乡村景观设计的参与者甚至是设计者。在乡村景观规划设计与维护管理的全过程中，通过前期沟通、合理引导，使村民认识到生态宜居的乡村景观设计将改善人居环境，调动参与者的积极性，使得规划设计更加符合实际需求。乡村景观规划通过与战略规划、管理利用、政策制定的相互配合，利用产业转型，为村民提供就业增收的机会，打造生态环境友好的生活生产方式。

（三）乡村景观生态建设与规划内容

1. 乡村生态景观规划

乡村生态系统的稳定关系到乡村的经济文化和社会可持续发展。因此，乡村生态性景观体系的建设对于生态乡村景观规划意义重大，其规划设计的核心内容是指水域景观及植物绿化。

（1）水域景观规划

水域景观是体现乡村景观生态性的重要因素。在保证其功能的作用下，应考虑挖掘美观价值以及休闲价值。水域景观主要包括水塘景观、河道景观以及沟渠景观。

①水塘景观：水塘景观处理在水域景观规划中是重要的内容，其生态系统中的生物链是环环相扣的。除此以外，还有蓄水及消纳氮、磷、钾等化学元素，减少土壤污染的作用。随着乡村旅游的快速发展，还可以发展水产养殖业与休闲娱乐产业。

水塘在规划中，要注重修复生态系统，尽量以自然式亲水岸为主，采用当地石材或植被进行驳岸处理，避免大面积的混凝土铺置，实现水陆的自然过渡，提升水塘的美观价值及生态价值，深入挖掘水塘景观的休闲价值，提高农民的收入。例如，对于部分乡村而言，可建立休闲娱乐亭或观景平台，开展休闲垂钓项目。

②河道景观：河道是乡村的廊道景观，具有蓄水、灌溉、美观、游憩等多种功能。在规划中要注意疏通河道及垃圾处理，在保证排洪畅通的前提下，要注意生态理念的体现。对于断头水的处理应找清原因，因地制宜、合理地进行各水系的相连通，保证水系的畅流。

③沟渠景观：在乡村景观规划中，沟渠是不可忽视的重点之一。沟渠与村民接触比较多，不仅能为农田提供基本的灌溉，还能调节局部的小气候，改善乡村生态环境。对于沟渠的设计，主排水渠通常用混凝土或者条石进行砌筑，渠坡采用缓坡形，缓冲水位过大时对边坡形成冲击力。缓坡上可以种植草皮进行生态护坡。田间地头的次水渠一般用土质沟渠，尽量减少人造硬性化设计，沟渠的边坡可以任其生长杂草，保证田间的生态性。

（2）植物绿化设计

植物绿化主要包括庭院绿化、公共绿化、边缘绿化及道路绿化。

①庭院绿化：为突出乡村特色，庭院绿化一般选择当地适宜的蔬菜果树，对房前屋后进行美化绿化。本着经济性、生态性、科学性的原则，房前屋后可适量种植核桃、杏、柚子、梨、枣等植物，院内可栽植葡萄、丝瓜。为体现生态性，可在屋后栽植杨树，院内种植适量的月季、紫藤、紫薇等。科学性表现在植物的合理搭配上，尤其是院落的绿化景观要考虑到通风和光照。

②公共绿地：公共绿地应结合基地现状，以当地世世代代村民的生活习性为依据，于绿地中合适的位置放置休闲座椅、独具文化特色的指示牌等景观小品，为乡村居民提供良好的休闲场所。生态乡村的公共绿地的建设应该坚持生态性、特色性原则，主要以乡土植物为主，选取抗性强、适应性广、便于粗放管理的植物，采用自然式的搭配方式，以便营造一个自然环保的绿地景观。

③边缘绿化：乡村聚落边缘绿化是与乡村中的农田相互连接，是与自然的过渡空间。它的边缘绿化应该采取与周围环境融为一体的方法，就地取材使用边缘空地种植速生林，在建筑庭院外围及院落内种植低矮的林果木，共同营造聚落边缘景观，形成乡村良好的天际线，与乡村自然生态的田园景观融为一体，使乡村的聚落边缘在一定程度上隔绝外界污染及噪声，保持聚落内部的生态平衡。

④街道绿化：街道绿化是乡村绿化的重点，要求绿化既美观又因地制宜。绿化可以按照乔、灌、草合理搭配。乔木宜选择冠大、荫浓、抗病、寿命长且具有良好视觉效果的种类，如银杏等；灌木可以选择丁香、连翘等；地被可以选择多年生且造价低廉便于管理的植物，合理划分层次，打造错落有序的景观带或者景观道路线。

2. 乡村生产景观规划

从事农业劳动自古以来就是农村居民最基本的生产活动，由此也形成了部分各具特色的农业景观。农业景观指的是农村生产性景观。农业景观由农业生产活动组成，是乡村人文景观的重要表现。同时，随着农业快速发展、地域性的差异和生产内容的不同，农业景观呈现出不同的景观特征，这对乡村地域性景观的形成具有决定性作用。

（1）农田景观规划

农田景观规划包括农田斑块及农作物配置。农田斑块的大小是农田景观规划的重点，从生态学的景观空间配置来看，比较科学的农田配置以大面积的农田斑块为中心，周围绕以农田小斑块附着相连。在实际规划中要考虑当地的地形及沟渠现状，小斑块可以培养农产品的多样性，大斑块利于农作物的机械化操作。除此以外，还要注重农田斑块的形状，尽可能以长方形和正方形为主，方便小型的农业耕作。农作物的搭配也是农业规划中应该考虑的内容，根据景观生态学原理，单一的农作物景观生态性不稳定，容易遭到病害。因此，在农作物的配置选择上，宜采用竖向种植、套作及轮作等方式，增强农田景观的稳定性。另外，可以考虑农作物的景观潜力，发展大地艺术。

（2）林果业景观规划

林果业生产区是乡村景观过渡较强的区域。乡村景观规划本着经济、美观、地域特征的原则，尽可能选择易于成活和管理的果树为主，如北方的苹果、梨、枣等。出于生产上的考虑，乡村地域林区树种的配置以混交林为主比较好，相比较而言，混交林有更加稳定的生态系统，并且生长快、景观好。除此之外，林木的规划要自然，横向上疏密有致，竖向上富有层次。林区草坪面积不宜过大，一般不超过1公顷，宽度宜为10~50米，长度不限，草地形状尽量避免呈规则的形状，边缘的树木呈自然布置小树群，树群的面积不应小于总面积的50%。

3. 美观效应规划

（1）道路景观

乡村道路是乡村规划着重考虑的一个重要内容，乡村道路主要承担着三个方面的功能：一是最基础的交通功能，例如，运输垃圾、日常生活、市政服务、车辆通行等；二是为乡村居民提供交流活动的场所，例如，人们饭后散步、驻足交流等场所；三是形成村庄的结构及沿线布置基本的市政管线功能。一个乡村的骨架大体是沿着道路确定的，道路的宽度、断面直接影响着乡村整个内部空间。另外，沿着道路布置各种管线，既美观又方便。

（2）建筑景观

对于生态乡村的建筑设计无论是沿街外墙还是居民房屋改造，应该先对本地文化风俗进行深度调查，挖掘建筑的各种标志性特征，因地制宜地规划设计。不同地区在控制总体建筑风貌的基础上，还应考虑文化差异及风俗习惯等，对建筑细部、装饰、造型等加以细化，形成更具特色的地域建筑。如福建的土楼、苗族的吊脚楼、徽派建筑的马头墙等。从改造程度上，可以把乡村建筑分为新建民居及改建民居两类。

第三节 农民生态意识培育

一、农民生态意识培育的相关概念

（一）农民

自古以来，农民的概念一直是学术界关注的焦点。我国对农民观点的界定主要有两种类型。一种是辞书的解释。《辞海》将农民定义为"从事农业生产的人"；《经济学辞典》觉得农民是指"个人、集体或部分拥有生产资料，主要从事农业劳动的人"。虽然上述概念提到了两种功能，但都是在强调农民的职业属性。另一种是知识界的研究成绩，它是一种非静态的创新。部分学者对20世纪90年代农民概念的研讨有过相关总结，总的来说，共有13种农民的概念，是分别从身份识别、专业的定义、区域指向三个方面来总结的。其中，提到身份辨认看法的有三种，提及区域所属的概念包含三种，提到职业归属的有九种，由此可见，在这个时期传统农民概念中的身份辨别及地域所属性能弱化、职业指向功能越来越明显。

20世纪90年代后，中国社会科学院研究员陆学义首先提出，按照职业分类，中国社会可以划分为十个阶层，农民工属于工人阶层，农民属于农业劳动者阶层。"新型职业农民"最明显的特征是职业属性。一些学者对"新型职业农民"做了全面解释：其首先是农民，农民第一次或长期使用一定数量的多产的土地，绝大多数时间干农活，收入主要靠农业生产和管理，并且长期生活在农村，除了这些以外还包括以下几点，即市场主体、具有一定的稳定性、使做农活成为一生的事业、必须有强烈的社会责任感等。

传统农业向现代农业转型，必然要求传统农民向新型职业农民转变。新型农民相对于传统农民不只是字面上的区别，它是个与时俱进的概念。美国人类学家沃尔夫（Wolff）认为，传统农民主要追求维持生计，是身份有别于市民的群体；而职业农民则充分进入市场，将农业作为产业，并利用一切可能的选择使报酬最大化。传统农民是社会学意义上的身份属性，强调的是一种等级秩序；而职业农民则近于经济学意义上的理性人，是农业产业化乃至现代化过程中出现的一种新的职业类型。

职业农民、新型农民概念的提出，是新农村建设理论和实践领域的重大创新。新型农民与职业农民的内涵既有区别，又有联系。新型农民泛指从事现代农业的农民，强调的是一种身份，而不是一种职业；职业农民范围较小，专指从事农业生产和经营，以获取商业利润为目的的独立群体，是一种职业。职业农民是新型农民的一个组成部分。"农民"曾经兼具"身份"和"职业"两种属性，随着社会的发展，逐渐凸显出其"职业"性。"新型职业农民"是在现代农业基础上出现的以农业为职业，具有一定的专业技能，有一定生产经营规模，收入主要来自农业的现代农业从业者。

新型职业农民的时代特征有：第一，新型职业农民是市场主体，具有明确的经济人属性。传统农民主要是维持生计，而新型职业农民充分进入市场争取利益最大化，具有较高收入；第二，新型职业农民把务农作为终身职业，有深厚的农业、农村情怀，具有稳定性。作为新型职业农民，必须对农民有认同感，对农业有亲近感，对农村有归属感，从事农业应该是完全出于自愿，心中有农、甘愿为农、以农为荣；第三，新型职业农民具有现代企业观念，有文化、懂技术、会经营，对生态、环境、社会和后人承担责任；第四，新型职业农民拥有较高的社会地位。新型职业农民有较高的收入，专业化、职业化程度较高，工作环境较好，成为社会认同度较高的群体。随着农业现代化和新农村建设步伐的加快，其职业发展空间更加广阔，社会地位会显著提升，人们对这一群体的职业认同度也会显著提高。

（二）生态文明

1. 生态文明的定义

生态文明是人类文明发展的一个新阶段，即工业文明之后的文明形态。生态文明是人类遵循人、自然、社会和谐发展这一客观规律而取得的物质与精神成果的总和。生态文明是以人与自然、人与人、人与社会和谐共生、良性循环、全面发展、持续繁荣为基本宗旨的社会形态。从人与自然和谐发展的角度来说，其定义是：生态文明是人类为保护和建设美好生态环境而取得的物质成果、精神成果和制度成果的总和，是贯穿于经济建设、政治建设、文化建设、社会建设全过程和各方面的系统工程，反映了一个社会的文明进步状态。从人类社会发展的角度来看，生态文明是人类与自然实现协调发展的社会系统。生态文明是人类社会发展过程中的新文明阶段，是建立在知识、教育和科技高度发达基础上的文明，强调自然界是人类生存与发展的基石，明确人类社会必须在生态系统原理的基础上与自然界相互作用、共同发展，人类的经济社会才能持续发展。因此，人类与生存环境的共同进化就是生态文明，生态文明不再是纯粹的社会经济发展系统，而是一个人与自然和谐相处，且二者共同可持续发展的人类文明系统。

对于"生态文明"的概念，有的学者从不同的角度给出了定义。归纳起来大致有如下几种：

（1）广义的角度

生态文明是人类的一个发展阶段。人类至今已经历了原始文明、农业文明、工业文明三个阶段，在对自身发展与自然关系深刻反思的基础上，人类即将迈入生态文明阶段。广义的生态文明包括多层含义：第一，在文化价值上，树立符合自然规律的价值需求、规范和目标；第二，在生活方式上，以满足自身需要又不损害他人需求为目标，实行可持续消费；第三，在社会结构上，生态化遍及社会组织和社会结构的各个方面，追求人与自然的良性循环。

（2）狭义的角度

生态文明是社会文明的一个方面。生态文明是继物质文明、政治文明和精神文明之后的第四种文明。物质文明、政治文明、精神文明与生态文明这四个文明一起，共同建设社会文明大厦。其中，物质文明为社会奠定了雄厚的物质保障，政治文明为社会提供了良好的环境，精神文明为社会提供了智力支撑，生态文明是现代社会文明体系的基础。狭义的生态文明要求改善人和自然的关系，用文明和理智的态度对待自然、改造自然，反对浪费资源，建设和保护生态环境。

2. 生态文明的特征

生态文明是人类发展的一个新阶段，是继工业文明以后的一个新的文明形态。生态文明是人类遵循人、自然、社会和谐发展这一客观规律而取得的物质与精神成果的总和。

（1）实践性和反思性的统一

之所以说生态文明具有实践性，主要是因为人的生存发展和全部实践活动始终贯穿在人与自然关系的主线中。人类的生存发展一刻也离不开自然，一刻也离不开实践。但是，由于自然的无限性和人类的有限性之间的矛盾，又决定了人的实践活动并不是可以随心所欲的，必须有指引、学习和反思。物理学家李政道认为，由于暗能量的大量存在，宇宙之外可能还有很多宇宙。科学只能在有限系统中无限寻求真知，对于人类来说，构建一个包括一切自然奥秘的体系只能是一种主观上的美好愿望。自然奥秘是无穷无尽的，人类活动对自然的改造活动，无论较近或较远的后果都不是很容易预料的。因此，反思便成为生态文明的本质特征之一。在生态文明的实践活动中，假如缺乏反思，造成的后果是非常难预料的，也就意味着，缺乏反思的实践活动都是野蛮和盲目的。

（2）系统性与和谐性的有机统一

生态文明是自然、社会、人的和谐发展的系统。在宏观层面上，对自然生态系统的分析中，把生态系统划分为"生产者""消费者"和"分解者"，一个健全的生态系统会把这三者融入一个整体的、和谐的循环之中。无论人们用何种方式对生态系统进行分析，生态系统各要素之间和生态系统同其他系统之间的物质、能量、信息的变换，总是处在和谐的状态之中。一旦系统与系统之间，或系统与要素、要素与要素之间的和谐变换的链条断开，或者处于不和谐状态，人们和自然的对抗就会显露出来，因此，生态文明建设的正常运转需要依靠系统性与和谐性推动。

（3）持续性与高效性的有机统一

持续性是生态文明建设的重要原则之一，持续性并不等于低效性；相反，持续性是与高效性联系在一起的，只有高效利用自然资源，才能节约资源，从而实现人类社会的可持续发展。要做到持续性与高效性的统一，就必须不断完善生态制度的内容体系，通过完善生产产权制度、建立生态税收制度、强化生态非正式制度等一系列制度安排，真正实现粗放型增长方式向集约型发展方式的彻底转型。

（4）规律性与创造性的有机统一

生态文明是人类为保护和建设美好生态环境而取得的物质成果、精神成果和制度成果的总和，是人与自然、环境与经济、人与社会和谐共生的社会形态。生态文明是对发展的提升，不是不要发展，不搞工业文明、放弃对物质生活的追求，回到原生态的生产生活方式，而是在吸收借鉴人类一切文明成果尤其是工业文明成果的基础上，为统筹解决经济社会发展与资源环境问题提供了全新的指导理念和实践取向，开辟了无限广阔的发展空间。

建设生态文明，先进的生态伦理观念是价值取向，发达的生态经济是物质基础，完善的生态文明制度是激励约束机制，可靠的生态安全是必要底线，良好的生态环境是根本目的。其鲜明特征包括：在价值观念上，强调尊重自然、顺应自然、保护自然；在指导方针上，坚持节约优先、保护优先、自然恢复为主；在实现路径上，着力推进绿色发展，循环发展、低碳发展；在目标追求上，努力建设美丽中国；在时间跨度上，需要长期艰巨的建设过程。

（三）生态意识

1. 生态意识的概念

生态意识又称环境意识，它作为一种思想和观念古已有之，但作为生态哲学的学科概念和重要范畴却是晚近的事。生态意识是一种社会意识，是根据社会生态系统运动规律，如何从最优角度反映和解决人、社会与自然关系问题的认识。生态意识是人类生态活动的反映。生态活动是生态主体与生态环境，即人、社会与自然环境相互作用的行为表现，其后果以生态效益来表示。生态后果有正负效益，有利与不利之分，它取决于生态活动的合理性和科学性，又取决于社会生态系统中主体与客体（生态环境）相互作用的方式和社会组织性质及中介工具。由于受生态意识的支配，人类的行为能最大限度地超越物种的限制，按照生态规律来进行生产。马克思（Marx）说："人与动物不同，可按任何一种尺度来进行生产，并懂得怎样处处把内在尺度运用到对象上去。"在生态意识支配下的生产劳动是人类本质力量的体现，是人类自我意识的深层体现。生态意识是人对自己本质力量的自我意识的深层表现，反映了人对自己在社会生态系统中的地位和作用的认识，它是以对人与自然关系的科学认识和崭新哲学观念为基础的。

2. 生态意识的时代内涵

（1）生态科学意识

生态意识以对包括人自己在内的一切生物与环境之间关系的认识成果为基础，这些认识成果由现代生态（环境）科学提供。作为一种科学意识的生态意识，要求人们用现代生态（环境）科学的眼光审视自然、分析问题、处理问题、指导实践。生态意识作为一种科学意识，是生态科学知识的积淀与升华，它的发展同生态科学的成熟及其向整个科学技术领域的渗透相伴随。这种渗透主要表现在三个方面：一是传统自然科学的基础学科、应用学科研究面向环境问题，形成了环境物理学、环境化学、环境生物学、环境地学、环境医学、环境工程学等边缘性的新学科，从而构筑出一门综合性的大学科——环境科学；二是新兴的高科技将保护生态环境作为其重要的价值目标，并为协调保护生态环境与发展经济开辟了新途径；三是以生态科学为纽带的自然科学与社会科学的交叉学科相继产生，诸如环境经济学、环境美学等。生态科学成为自然科学与社会科学相沟通的桥梁。

（2）生态价值意识

作为价值意识，生态意识表明人类对自然界价值的全面肯定，并确认生态价值是自然界对人类的最高价值。地球是一个凭借生物即生命活动实现物质循环、能量转移和信息传递的星球。自然界的生态价值一旦丧失，其他价值也就随之丧失，人类便无法生存。因此，追求生态效益应成为人类活动的最高目的。人类不是为了经济效益才去关心生态效益，相反，经济效益应服从生态效益、服务生态效益。换言之，应提倡经济的生态化。只有维护好生态环境，才能保证经济的持续发展；只有维护好生态环境，持续发展的经济才能为人类提供高质量的生活水准。

（3）生态审美意识

自然界是美的，优美的生态环境是实现人类全面发展和满足人类多种需求的必要前提。自然事物中内蕴着美的特性，它能激起人类生命的波澜，它能使人们感受到生命的张力，或引人奋进，或给人以温馨与恬静；它能净化人的心灵，沉淀人类情感活动中欲望性的浑浊，因而自然事物成了美的事物。优美的生态环境能调节人的精神，陶冶人的情操，淳化社会风尚，使人们能以充沛的精力和良好的心态从事生产活动，是社会生产发展的一种重要资源。

（4）生态责任意识

生态责任意识指不但国家和企业对生态保护负有责任，每一个人也要对生态保护均负有责任。生态能否得到有效保护，关键取决于广大公众能否意识到自己对生态保护的责任和由此所决定的他们实际参与生态保护的程度。广大公众对生态保护的责任，一方面，是指他们有责任使生态不受破坏，自觉限制各种破坏生态的行为；另一方面，是指他们有责任促进生态建设，自觉从事各种有益于生态发展的活动，比方说植树造林等。生态意识作为一种循环性的意识，它超越了环保意识，即只停留在环境保护的层面上，将环境作为一个静态的存在，而是将整个生态系统作为一个动态的、无限循环运动着的存在，人类活动应该让生态系统的循环性永远充满生命力。

（5）生态伦理意识

世界著名环境保护学家罗伯特·艾伦（Robert Allen）曾指出：为了保护好环境，需要一种包括植物、动物和人在内的崭新的伦理观。环境教育的长期任务是培养和加强与这种崭新的伦理观相一致的态度和行为。罗伯特·艾伦所讲的这种伦理观即生态伦理意识。马克思曾讲过，社会是"人同自然界完成了的、本质上的统一"，因此，人类社会在生存、发展过程中，与人的行为需要一定的道德规范来约束一样，人与自然之间的内在矛盾也需要一定的道德规范来调整。

生态伦理，即生态道德规范，基本包括：一要热爱自然、尊重自然、保护自然（包括人化自然）；二要珍惜自然资源，合理地开发利用资源，尤其是珍惜和节制非再生资源的使用与开发；三要维护生态平衡，珍惜与善待生命，特别是动物生命和濒危生命；四要有节制地谋求人类自身发展和需求的满足，不以损害环境作为发展的代价；五要积极美化自然，促进环境的良性循环。判断生态道德行为的善恶标准是以人类的整体利益为基础的，即改变以生态环境的破坏为代价的生产，谋求以人类生存为根本利益出发点的新的道德准则。

生态伦理提倡人类在满足追求健康而富有生产成果的生活权利的同时应当努力保持人与自然关系的和谐，强调当代人在生产与消费的时候，应使后代人与自己的机会平等，而不该对后代人的生存和发展构成危害。

二、农民生态意识培育的必要性及重要意义

（一）当前农民生态意识培育的必要性

1. 新时代社会主要矛盾转化的必然要求

正确认识和解析社会主要矛盾，是确定党和国家的中心任务，促进社会飞速稳定发展

与不断进步的重要依据。现如今，我国社会的主要矛盾变成了"人民日益增长的美好生活需要和不平衡不充分的发展之间的矛盾"，这一点紧紧贴合了新时代中国基本国情的主要特征，是我们党始终坚持辩证唯物主义和历史唯物主义的方法和正确的结论。新时期我国社会主要矛盾揭示了影响人民日益增长的美好生活需要的主要原因，指出了影响全面发展的核心弱点和薄弱环节。如果说，过去我们必须解决的主要问题是发展过程中的数量短缺，那么新时代就给我们提出了提高发展质量的问题。近年来，中国生态文明建设力度加大，成效显著。然而，生态文明建设任重道远，高质量的生态产品和绿色产品仍然供不应求。人们渴望有新鲜的空气、绿色的山和干净的水。在许多地方，人们已经从寻找食物、衣服和生存转变到寻找环境保护和生态保护。经过几十年的改革开放和快速发展，我国社会的主要矛盾发生了变化：从"物质文化需求"到"美好生活需要"，从"落后的社会生产"到"不平衡不充分的发展"。我们需要正确把握新时期我国社会的主要矛盾，并以此来确定下一步工作的重点和目标，这关系到我们的事业发展、工作成果和工作效率。我国社会主要矛盾的变化和中国特色社会主义建设的历史性变化有着不可分割的联系，这一变化要求我们一定要在促进发展的基础上解决发展不平衡不充分的问题，在更大程度上使人民在生态方面日益增长的各种需要充分得到满足。我们应该对生态文明建设进行高度重视，培育农民生态文明意识，为进一步推进社会绿色健康有序发展、解决各种各样的环境问题、保护生态系统、完善生态环境监管体系做出应有贡献。

2. 新时代践行"两山理念"的生动体现

"两山"指的是绿水青山以及金山银山。"绿水青山"是指人类赖以生存的可持续发展的优质生态环境。"金山银山"是指人类社会中以物质生产为基础的相关社会物质生活条件，是人类在发掘利用自然资源的过程中产生的相应的经济价值和经济效益。这种崭新的绿色理念对新时期我们加强社会主义生态文明建设，不断满足人民增长的生态需求，建设美丽幸福中国有着重要意义。因此，在新时代我们要积极践行"两山理念"，将生态文明建设融入四个建设的各个方面和全过程。农民是农村生态文明建设和农村良好生态环境维护的主力军，我们要积极培育其生态意识，增强其环保意识，为践行"两山"理念而不懈努力。

3. 新时代实施乡村振兴战略的必然选择

乡村振兴是全方位的、多维的、深层次的，它不仅关系到农村经济的发展，而且关系到政治、社会、文化和生态文明的进步。必须坚持节约成本和保护环境的基本国策，将生态发展融入乡村振兴的整个过程和各个方面，加大生态环境保护权益，并促进整个中国的生态环境发展取得重大突破。乡村振兴战略给农村生态文明建设和发展注入了新鲜血液，也为农村生态文明建设提供了基本保障。乡村振兴不仅是农村区域和农村农业产业的振兴，也是农村生态文明的再次发展。生态文明建设在乡村振兴的整个过程中要求我们寻求一条符合农村地区的现实路径，基于不同地区的优势和特点，找到正确的出发点和切入点，把握事物在不同领域的发展速度，并继续取得稳定的进步。生态宜居是乡村振兴的重要目标，也是国家富强的重要基础和保障。要建设生态宜居的美丽乡村，让农民在乡村振兴中有更大的成就感和幸福感。在乡村全面振兴的道路上，没有农村的美丽，一切强农富农都是空谈。我们要自始至终重视生态文明建设，培育农民的生态意识，为新时期全面实施乡村振兴战略奠定坚实稳定的基础。

4. 新时代农民生态意识培育的重要意义

中国特色社会主义进入一个新的时代，对我国各种事业的发展提出了新的、更高的要求，推进生态文明建设，培育农民的生态意识迫在眉睫。我们必须清醒地认识到培育农民生态意识对促进中国经济的快速发展，人类命运共同体的构建，践行社会主义核心价值观具有一定的促进意义。新时期农民生态意识的培育是国家建设的力量源泉和精神动力，也是新时期内涵的应有之义。

（1）有助于推动我国经济向绿色经济转型

生态文明建设是关系国民利益和民族前景的重大战略路线，是连接经济、政治、文化和社会发展的重要任务。提高农民的生态意识，有利于使中国经济向绿色经济完美转型，开辟出一条技术含量高、资源消耗低、环境破坏力度小的现代发展新道路。生态文明建设就是为了人类的永恒持续发展，试图通过构建山明水秀、郁郁葱葱的美好生态家园来满足人们对绿色发展、绿色生活的要求，它是绿色经济发展的基础，也是追赶绿色时代潮流的必然选择。

（2）有助于构建农村生态命运共同体

农村生态命运共同体的构建要坚持保护生态环境，应对气候变化。生态文明建设对人类未来的发展尤其重要，必须着手解决工业文明带来的一系列问题，以人与自然和谐相处为目标，尽全力实现经济的可持续发展和人的全面发展。

要毫不动摇地坚持尊重自然、顺应自然、保护自然的信念，坚信"绿水青山就是金山银山"，坚持绿色、低碳、循环和可持续的发展道路，补齐短板，积极采取措施应对气候变化等新挑战，不断扩大生产发展规模，走生活不断富裕、生态逐渐良好的文明发展道路，建立尊重自然、绿色发展的全球生态系统。建设清洁、美丽的世界，需要我们齐心协力，重视生态建设，培育农民生态意识，为构建农村生态命运共同体发挥重要作用。

（3）有助于生态文明思想建设

生态兴，文明兴；生态衰，文明衰。生态文明建设是为我党全心全意为人民服务的政治责任。生态环境是一个重大的政治问题，关系到我党的使命宗旨，全党应该把生态文明建设作为一项重要的政治性任务。由于对生态文明建设意义的深刻理解，我们党把"生态文明建设"列入党章，并进一步促进全国人大把生态文明建设写入宪法，使生态文明建设的战略意义，进一步成为我们党和国家的基本思想遵循和行动指南。

三、农民生态意识培育的措施

（一）培育人与自然和谐共生的观念

培育人与自然和谐共生的观念就是要尊重和维护自然规律，秉持"人与自然是生命共同体"的价值追求，改变落后的生产、生活习惯，树立绿色发展理念，激发农民主体意识，增强社会舆论氛围，凝聚生态文明发展共识。

1. 树立绿色发展理念

一是培育绿色发展观。基层领导干部做出的决策、基层政府出台的文件、召开的会议等种种行政行为，影响乃至决定着一村、一乡、一域的经济社会发展；同时，"上有所好，下必效焉"，基层领导干部与人民群众打交道最多，他们的一言一行和所思所想，对人民群众的观念有明显的导向作用。因此，树立绿色发展理念，要首先从领导干部做起，从基层做起。基层领导干部只有牢固树立新发展理念，树立"绿水青山就是金山银山"的强烈意识，树立以人为本、全面发展的政绩观，以实实在在的政绩取信于民、服务于民，真正做到让人民"既有金山银山，又有绿水青山"，才能实现人民生活质量的持续提高。一方面，要通过加强培训、学习和到先进地区考察等方法，用科学的理论、生动的实例来引导基层领导干部在头脑中牢固树立可持续发展理念，坚定基层领导干部进行集约化、科学化发展的信心和决心；另一方面，要通过对生态环境保护好的干部进行优先提拔使用、对以牺牲环境为代价铺摊子、上项目的干部进行相应惩戒的方式，下大力扭转多年来的"唯GDP"政绩观倾向。

二是培育农民的生态道德观。下大力、多渠道、多方式加强农民的生态道德意识培养，使农民树立符合生态文明建设的新的生态道德观。新的伦理观，就是视自然为人类的生命共同体，亲近自然、尊重自然、保护自然的态度，是对保护自然的强烈的道德责任感。新的资源观，就是充分考虑环境因素，重视资源消耗的成本、环境破坏的成本及完全生产成本，积极保护自然资源。新的消费观，就是提倡健康、适度、绿色消费的观念，购买对环境和人体无害的环保产品，减少制造生产生活垃圾，形成人与自然的良性循环。新的利益观，就是坚持生态利益优先、长远利益优先的原则，重新科学规划产业格局，实现绿色循环发展。

三是培育农民的绿色生活方式。绿色生活是践行生态文明理念的重要标志，生活习惯是否改变是评判农民生态意识是否形成、生态文明素养是否提升的标准和关键。农民应尊重自然规律，注重生态环保，约束个体对自然的破坏行为，自觉从小事做起，从衣、食、住、行的各个方面做起，践行生态环保理念，注重生态保护效益，培养绿色生活的习惯，养成低碳出行、分类投放垃圾、减少污染产生等良好的生活习惯，使得农民在满足物质生活需要的同时，也能享受到健康舒适的生活环境。生活习惯的养成除了个人因素之外，还会受外在环境的影响。政府、企业还有个人，都应当从自身做起，践行生态文明理念，为全社会生态环保习惯的养成营造一个有利的大环境。

2. 提升农民生态文明主体意识

农民是农村生态文明建设的重要参与者和直接受益者，是农村生态文明建设的强大有生力量。一方面，只有提升农民的生态文明主体意识，使广大农民自觉参与到农村生态文明建设的进程中，才能实现农村生态文明建设的持续有效进行。可以说，农民的生态文明主体意识是农村生态文明建设的内在动力。另一方面，要充分激发农民的生态文明主体意识，就需要保障农民的知情权、参与权、监督权等权利得到充分落实和行使。

一是要充分调动农民的积极性和主动性。农民建设生态文明的积极性和主动性与农民的生态主体意识互为因果、互相促进。农民具有强烈的生态主体意识，才会以极大的热情投身于生态文明建设中去；反之，农民参与生态文明建设首先要有积极性和主动性，才能实现主体意识的觉醒和激发，才能通过衡量自我利益和生态利益做出有利于自身及农村生态环境的正确行为。此外，还应将农民的生态主体意识渗透到日常生活中，在点点滴滴的小事中建立起来，在不断的生态保护实践中深化，充分调动起他们生态环境保护的积极性和主动性。

二是要充分保证农民环境知情权的落实。要充分激发农民的主体意识，就需要充分保障农民相关权利的落实。从某种程度上说，农民环境知情权的落实是其他权利得以正确行使的先决条件，只有环境知情权得到充分行使，农民的其他权利才有可能充分实现。因此，地方政府及相关部门应定期依法公开公布当地环境信息，确保农民群众对自己生活生产的生态环境有足够的了解。建立完善的环境信息依法申请程序，规范申请条件、流程、救济方式及救济程序，根据农民的生产生活要求设置简易程序，同时给予必要的帮助。支持和鼓励农业协会等产业协会、农民专业合作社、农业企业参与农村生态建设中，拓宽农民参与生态建设渠道。积极培育新型农村及农民环保组织，各级政府及相关部门为其发挥作用创造必要条件，积极鼓励其在保护农村生态环境、保护农民利益方面发挥作用。

三是保障基层组织和农民生态建设监督权。充分发挥村民自治组织及其他社会组织作用，将农民培育为生态环境破坏行为的重要监督力量。村委会等村民自治组织依法管理农村事务，承担着落实政府相关工作的职责，在农民群众中具有很高的权威性、带动力和凝聚力，特别是在改变农民生产生活方式方面具有不可替代的作用，是维护农村社会稳定、经济发展的重要保障。

3. 加强生态文明思想教育

思想教育具有先导性和基础性的作用，知识的学习和积累是改变落后生态意识的基础。从观念上重视生态文明教育，在行动上抓好生态文明教育，对农村的生态文明建设具有重要促进作用。

一是在基础教育和干部培训中提高生态文明思想教育权重。条件成熟时，适时制定出台生态文明教育条例等配套规章制度，明确规定教育内容及政府职责权限，让生态文明教育进校园、进课堂成为一种常态，进一步增加基础教育中有关生态文明相关知识，完善从小学到大学的生态文明教育体系。要更加重视在校学生环保知识和法规常识的教育，从小抓起，从娃娃开始树立环保意识和法律意识，养成良好的行为习惯，成为保护生态环境的执行者。加强党员干部的相关知识教育，提高党员干部关于生态文明建设的知识素养和实践水平。

二是丰富生态文明教育内容。通过普及环境保护知识，树立人民群众的生态意识，通过实例讲述全球及我国面临的生态危机，激发人民群众的生态环境保护意识。通过图片展示当前存在的环境问题，从视觉上激发人民群众的生态保护意识，促使其产生生存危机感，从而主动接受培育，学习更多的生态知识。

三是理论实践教育相结合。采用理论实践相结合的教育方法，提高受教育者的积极性和主动性，使生态文明教育发挥更好的作用。通过理论教育，将生态文明教育的内容传授给农民，进一步提高农民的生态意识，让农民清楚明了地知道应该做什么，通过实践教育，如组织有意义的主题实践活动，促使农民用所学的生态知识和观念指导自己的活动，合理安排生活，科学安排生产，实现生态伦理和绿色生产生活方式的知行统一。

（二）加快生态乡村建设进程，营造良好的生态培育氛围

1. 加快农村绿色经济发展速度

我国经济发展进入新时代，对于如何正确处理金山银山与绿水青山的关系，并且如何把绿水青山转变成金山银山，是我国实现高质量、高水平发展的重中之重。

第一，因地制宜，发展生态农业。发展生态农业，对于缓解经济和生态两者之间的矛盾有着重要的作用。生态农业就是要最大化展示农业系统的整体性能，毫无疑问，农业是切入点，按照"统一、协调、循环、再生"的原则，调整和优化农业产业结构，把农、林、牧、副、渔产业与农村三大产业进行综合性发展，促使各产业之间互相帮助，发挥各自的长处，提高综合生产能力。

第二，引导农民绿色消费。要倡导农民在消费时，尽可能地去挑选一些没有被打药或添加色素的健康的绿色产品。绿色产品，是说产品本身的质量符合环境、卫生和健康标准，并且其在生产、使用和处理过程中也不会造成一系列污染，破坏生态环境。

第三，融合农村第一、二、三产业。将工业与绿色农业结合起来，使农村高污染、高耗能的工业成功转型，进一步完善工业布局。寻找农业特色，发展绿色经济，注重保护生态环境，将生态资源作为工业生产力要素的组成部分，建设农村特有的工业体系，摆脱传统工业对自然界的依赖。同时，工业生产中要进一步提高生产技术，按照绿色低碳循环发展的要求去改造农村传统产业，将一些落后产能弃之不顾，提升生产技术和管理水平，减少污染物及污染气体的排放，快速提高产业发展质量和效益，尽力实现健康可持续发展。

2. 建立现代农民精神培育机制

农民生态意识的高低在很大程度上会影响农民的环保行动，增强农民的生态环境意识，要求农民尽量多参与环境保护实践活动。在实践过程中，农民会逐步增强自身的环保意识，强烈的环保意识会使他们积极自觉地参加环保实践行动。一方面，可以促进环境的合理健康发展；另一方面，可以增强农民环境保护的意识水平。因此，制定一套明确的制度来推动农民的环保行动就显得尤为重要。

第一，通过物质奖励来激发农民参与环保行动的热情。物质激励是一种外部激励，也就是说，通过使用物质鼓励的方法来满足有动力的人的物质需求，从而使他们更有积极性和动力主动去创造更多的财富。因为在当前的形势下，农民主动参与环保的热情并不高涨，环境保护的力度也较弱，通过适当的物质奖励，不仅可以激发农民保护环境的积极性，也可以作为环境保护的经济支撑，让农民的环境保护意识水平整体上达到一个新的水平。

第二，通过精神奖励来鼓舞农民保护环境的行动。精神激励是一种内在动力，是在精神方面的一种无形动力，这是一项全面的、多样化的、广泛应用并且意义长远的工作。它是管理者通过对被管理者进行思想教育、灌输人生哲理、指引前方路途，进一步来调动所有人的积极性、自主性和创新性。对于踊跃参与环境保护的个人或集体，除了给予相当的物质奖励之外，也可以颁发荣誉证书，邀请他们分享自己的心得体会，树立一种典型和榜样，并且用各种传播媒介进行官方宣传，借机来熏陶和激励更多农民积极参与到环境保护的方阵中。

3. 加快农村公共服务设施的绿色改造

一个国家或者一个区域农村经济社会的发展及城乡协调发展水平能够真正展现出该区域或农村公共服务设施完善程度的水平。我国社会主义新农村建设的水准则主要集中反映在农村公共服务设施水平上。加快农村公共基础服务设施绿色改造，有助于推进绿色农村建设，促进国民经济持续稳定、健康发展。

第一，加强农村安全饮水工程建设。县级政府应把农村饮水工程放到财政预算中，积极进行立项申报，争取上级扶持，优先向有资格地区的乡村提供综合供水，并建立清洁用水管理和运作机制，开展农村饮用水源地保护调查，努力划定水源保护区和分类保护区。

切实加强对农村水污染的防治，充分考虑农村地域特点，实行农资农技一体化，严禁使用高污染、高残留农药，大力推广生态养殖，积极走绿色环保之路。

第二，推进农村能源建设。以利用废弃生物资源（秸秆、牲畜粪便、乡村的生活垃圾等）和能源植物为主，培育有潜力的新型生物资源。鼓励建设大型沼气工程，合理布局项目，并根据相应条件做好"一池二改"的配套措施，提高沼气建设工程的"二结合"率。采用小型区域管网和物业式服务的方式，为农村生活提供能源，加快新能源和可再生能源技术的广泛应用和产业的优化升级，改善农村生活用能条件，发展太阳能路灯、"以电代柴"（电磁炉、电饭煲）项目，形成让可再生能源发挥主导作用的清洁能源示范区。

第三，实施农村清洁工程。进行"二清"：清除生活垃圾，垃圾要袋装或集中收集后，统一清运；清除主干道及村道旁的路障，包括水泥、沙子、砖块等建筑材料；清除违章搭建；加快改厨、改厕、改圈速度，扎实推进"厕所革命"启动农村垃圾分类和集中清运。对于冬天取暖，我国出台了清洁采暖补贴政策，鼓励农民改变取暖方式，将原先燃烧煤炭的方式改为用电取暖，继续加强和改善农村民生和人居环境。

4. 完善乡村生态治理体系，引导农民生态实际行为

（1）创新政府工作方法，以增加农民生态实践热情

第一，充分利用大众传媒创新政府的工作方法。开会、谈话等方法作用的是个别或小部分人，而大众传媒作用范围特别广，如一个先进模范人物的事迹，可能会成为一个单位、一个地区，甚至是全国人民学习的榜样。随着科学技术的发展，大众传媒对人们的影响越来越大，人们可以通过网络、电视、广播等形式关注国家大事。政府在农村环保建设中也可以利用大众传媒来开展工作。一方面，可以增加影响力，易于农民接受；另一方面，可以扩大影响范围，很好地起到宣传教育的作用。

第二，采用农民喜闻乐见的方式。在宣传生态知识和政策方面，有些地方的环保宣传主要以培训会和手册宣传为主，这些方式陈旧且难以激发农民的学习兴趣。农民作为一个特殊的群体，宣传须从人们的需求出发，采用人们喜闻乐见的方式，提供多种类型、多种风格的形式，如把宣传内容编成顺口溜或歌曲，让农民潜移默化地接受。

第三，运用榜样示范的方法。首先，制订评选模范活动的计划。村干部协助乡政府相关部门从本区域的实际情况出发，借鉴其他地方的成功经验，写一份方案。其次，做好活动前的宣传工作，政府向农民说明活动的评选要求和奖励，激发农民参与活动的积极性。最后，是评选和事迹宣传工作。先在每个村选出模范村民，然后再选出乡镇的模范人物，最终以乡镇为单位，进行乡镇间的评选。经过一级级筛选，选出典型人物，再由乡镇的宣传部门向所有村宣传模范农民的环保行为，并给予口头表扬和实物奖励，从而激发农民的环保热情、氛围。

（2）加快农村生态法律体系建设

第一，建立和完善农村生态文明法律制度。在立法上，应重视农村环境保护，坚持城乡一体化立法，加强农村生态立法，制定农村重点生态保护区和立法空白区的专门法律。为了适应新时代发展的需要，对现行的环境保护法律法规进行修改和完善，根据农村人居环境和农村生态环境的特点，建立完整、全面、有针对性的农村生态文明建设法律体系。

第二，提高法治队伍建设水平。改进生态环境司法保护制度，为生态文明建设提供有力的司法保障。加强农村生态文明建设和生态环境保护，建立健全农村环境监管机构，加强对生态法律工作者的教育培训，提高工作人员的敬业精神和职业自豪感，建立一支有觉悟、能吃苦的法治队伍。

第三，构建多元化监管机制。应该转变目前由政府部门执法的单调模式，充分利用社会资源，改进农村环境清洁综合机制、减排机制、废物处理机制、废物综合利用机制等，在农村建立有序的环境管理系统。

5. 积极发展农村生态文化

生态文化是一种价值观，是人类社会与自然界互相协调的精神力量。生态文化是一种人文文化，生态文化把和谐、协调、持续、稳定、多样性等观念融入自己的伦理体系，着眼于可持续发展，既关心人的价值和精神，也关心人类的长期生存和自然资源增值。因此，我们要鼓励农村发展生态文化，促进实现可持续发展的文化。

第一，鼓励大学生返乡发展，建设一支高素质、高水平的生态文化建设队伍。学校应积极与教育部、党政系统建立合作机制，加大针对性培养力度，形成人才输送和培养模式，大力促进和鼓励大学生返乡发展。完善机构设置、工资保障、学习培训等方面的政策，吸引优秀人才到基层，全心全意为基层服务。

第二，完善农村生态文化建设体系。运用法律、法规和道德观念一起来约束村民的生态实践活动，引导其树立生态意识，促进其养成良好的生态文明行为举止。政府应该畅通监督渠道，制定相应的奖励措施，及时处理相关问题，使村民认为政府高度重视生态环境，并且积极落实"以人为本"的理念。

第三，加大对农村生态文化建设的投资力度。生态文化的教育和有关方面的宣传都需要大量可靠且长期存在的专项资金的注入。因此，政府不仅要在这里投入大量资金，还要建立一套完整且严谨的资金管理和审计制度，使每一笔支出都透明公开，从而使得农村基础设施基本建成。

第六章　乡村振兴绿色发展

第一节　乡村振兴绿色发展的目标与任务

乡村振兴绿色发展道路是一项长期的实践过程，因此，必须明确的基本原则、发展步骤和主要任务，为乡村振兴绿色发展道路建设制定清晰的时间表和路线图，才能保障乡村振兴绿色发展道路不走弯路，少走错路。

一、乡村振兴探索绿色发展道路的基本原则

原则是人们开展活动的遵循。确立乡村振兴绿色发展道路的基本原则，有利于规范人们在实施乡村振兴战略的行为规范，形成绿色生态、绿色生产、绿色生活，建成社会主义现代化美丽乡村。

（一）坚持党的领导

"中国特色社会主义最本质的特征就是中国共产党领导。中国特色社会主义制度的最大优势是中国共产党领导。"乡村振兴探索绿色发展道路，离不开中国共产党的坚强领导，农业农村现代化离不开中国共产党。新时代乡村振兴绿色发展道路建设既要坚持党的领导更要加强党的领导，这是探索乡村振兴绿色发展道路的根本政治保障。

1. 坚持党的全面领导

党政军民学，东西南北中，党是领导一切的。乡村振兴绿色发展道路建设必须坚持党的领导，探索以生态优先的乡村振兴绿色道路不能没有中国共产党的领导。坚持党的领导就是坚持在社会主义制度下，乡村振兴走社会主义绿色发展新路。坚持党的领导就是坚持马克思主义作为新时代乡村振兴走绿色发展道路科学的思想理论指导，辩证唯物主义与历史唯物主义的立场、观点和方法，以及"三农"工作的重要论述。坚持党的领导就是坚持乡村振兴走绿色发展道路必须依靠农民、为了农民、成果由农民共享。同时坚决打击一切损害农民权益的群体和行为，切实做到在党的领导下农民发家致富，走向幸福生活。因此，坚持党的领导是我国成功探索乡村振兴走绿色发展道路的根本政治保障。

2. 加强党的全面建设

坚持党的领导是基本，加强党的建设是深化。新时代，坚持党的领导探索乡村振兴绿色发展道路必须加强党的建设，全面从严治党。乡村振兴绿色发展道路的出发点和落脚点是农民，推动乡村振兴绿色发展道路建设必须要发挥农民作用，特别是广大农民党员的作用，将农村基层党组织建设作为乡村振兴绿色发展道路建设的最核心力量。因此，加强党的建设，探索乡村振兴绿色道路既要注重党中央及省市级党组织建设，更要加强农村基层党组织建设，提高基层党组织的能力。加强党的建设，主体是中央和地方各级党组织，主要内容包括党的政治建设、思想建设、组织建设等六个方面。党的建设的六个方面既是新时代对中国共产党增强自我净化的能力、自我完善的能力、自我革新的能力、自我提高的能力的具体体现，也是在探索乡村振兴绿色道路中坚持党的领导的必然要求。

3. 完善党的领导制度

为了进一步加强党的全面领导，必须要坚持和完善党的领导制度体系，提高党科学执政、民主执政、依法执政水平。党要有效领导一切，除了要在思想上、政治上、行动上同党中央保持高度一致外，关键是要"完善坚持党的领导的体制机制"，这样才能"确保党始终总揽全局，协调各方"。新时代乡村振兴绿色发展道路，要坚持完善党的领导制度体系。坚持和完善党的领导制度能够更好地发挥党在乡村振兴绿色发展中的核心领导地位，协调各方权益，不断提高各级党组织的工作效率和各级党员同志的工作能力，从而确保乡村振兴绿色发展道路得以顺利推进。

（二）坚持生态优先

生态优先思想最早体现在马克思对人与自然关系的认识中，马克思指出："没有自然界，没有感性的外部世界，工人什么也不能创造。它是工人的劳动得以实现、工人的劳动在其中活动的、工人的劳动从中生产出和借以生产出自己的产品的材料。"自然界为人类的生产和生活提供生产资料和物质资料，人靠自然界生活。生态优先的实质是人与自然和谐共生，就是把生态建设放在生态、生产、生活建设的首位，成为发展绿色生态、绿色生产、绿色生活的基本原则。要加强生态文明建设的战略定力，探索以生态优先、绿色发展为导向的高质量发展新路子。新时期，坚持乡村振兴绿色发展道路，以绿色为底色，以生态优先带动乡村振兴绿色发展。这是时代发展的基本要求，也是实现乡村振兴绿色发展的内在价值体现。

1. 生态优先引领绿色生态

生态是资源、环境、生态的简称，主要包括森林、草原、大气、土壤、湿地、河流

等。生态优先引领绿色生态是绿色发展理念的内在要求，是尊重自然、顺应自然、保护自然，像对待生命一样对待生态环境、像保护眼睛一样保护生态环境生态理念的重要体现，最终为了实现人与自然和谐共处。以生态优先为基本原则引领农村生态发展，要在生态环境承载范围内开发和利用土地资源、水资源、林地、草地等自然资源，决不能出现生态破坏、环境污染、资源过度开发等忽视自然的现象。同时对于已经造成的生态破坏和污染环境问题，要积极探索乡村生态环境治理机制，引入生态补偿机制，科学开展生态修复和休养，努力塑造天蓝、地绿、水清的生态环境。

2. 生态优先引领绿色生产

生产指人们开展社会劳动创造社会财富的活动。狭义生产仅指创造物质财富的活动和过程。绿色生产是指以尊重自然、顺应自然、保护自然为前提，进行物质财富、精神财富等创造活动。新时代，我国绝不能再走"先污染后治理"的老路，必须在生态文明思想的基础上，构建人与自然和谐的关系，实现发展与保护协调统一的发展方式。以生态优先为基本原则引领农业生产发展，一方面，要逐步建立绿色化的生产方式，构建绿色化的产业结构，形成绿色化的生产环境。将绿色发展理念融入农村生产体系建设当中，推动实现农业现代化。另一方面，要充分发挥农村最大优势和最宝贵的生态环境财富，推动乡村自然资本加快增值，引导更多农民通过自然资本入股等方式参与到农村生产中，释放农村经济发展潜能。

3. 生态优先引领绿色生活

生活是人类生存最基本的活动形式，包括物质生活、文化生活、社会生活。马克思认为人自身具有自然属性和社会属性，人类的生活是自然属性和社会属性的结合，必然要与自然产生关联。绿色生活是新时代党和国家正确认识人与大自然关系，改变传统人与自然对立的生活方式，提出的绿色、安全、可持续的生活方式。以生态优先为基本原则引领农民生活发展，就是要树立绿色低碳、勤俭节约的生活理念，从改变农民生活方式、消费习惯着手，"倡导简约适度、绿色低碳的生活方式，反对奢侈浪费和不合理消费"。同时要着力改善农民的生活环境，重点解决农村基础设施建设薄弱的现状，包括生活垃圾处理站、公共厕所等公共卫生设施建设，为农民走向绿色生活提供基础保障。

（三）坚持农民主体

1. 坚持发展为了农民

坚持人民主体地位，发展为了人民，这是对发展目的回答。人民对美好生活的向往就是党的奋斗目标。为人民谋幸福是中国共产党人的初心与使命。不忘初心、牢记使命，就要坚持人民立场，为实现人民群众对生活的美好愿望而不懈奋斗。乡村振兴绿色发展道路必须坚持农民的主体地位，做到一切为了农民，这是乡村振兴绿色发展道路内在属性的必然要求。良好人居环境，是广大农民的殷切期盼。乡村振兴绿色发展道路从农民根本利益出发，想农民之所想，急农民之所急，将农民最殷切的期盼作为工作的重中之重，着力解决生态环境污染、绿色产业发展、基础设施建设等问题，时时刻刻为农民谋福祉，为农民创造良好生态环境、产业发展和人居环境，让农民在发展当中收获幸福感和获得感。

2. 坚持发展依靠农民

马克思认为实践是人的现实的、感性的、有意识、有目的的活动，"人应该在实践中证明自己思维的真理性"，"社会生活在本质上是实践的"，强调人类的重要使命是通过实践改造世界，人类只有通过自己的实践活动才能不断认识和改造世界。人民群众作为实践主体，是历史的创造者，是推动社会主义改革和发展、全面建成小康社会的根本动力。充分尊重人民主体地位，充分尊重人民所表达的意愿、所创造的经验、所拥有的权利、所发挥的作用；要注重凝聚人民群众智慧与力量，发挥人民群众首创精神，促进社会主义社会共建发展。

3. 坚持成果由农民共享

实现人民主体利益，共享发展成果，这是检验发展成效的标准，更是发展的重要价值追求。人民群众共享发展成果、权益得以保障、生活得以改善是检验党的一切工作的成效标准。坚持和尊重人民主体地位是发挥人民主体作用和实现人民主体利益的前提和条件；发挥人民主体作用是巩固人民主体地位和实现人民主体利益的途径和保证；实现和发展人民主体利益是坚持人民主体地位和发挥人民主体作用的动力和归宿。乡村振兴绿色发展坚持农民主体就是要满足农民主体利益，不断维护好、实现好、发展好农民的根本利益，切实保障农民享受到良好的生态环境、宜人的居住条件、健全的基础设施。

二、乡村振兴探索绿色发展道路的战略目标

农业农村现代化是全面现代化不可或缺的重要组成部分，是实施乡村振兴战略的战略目标。推动农业农村现代化是我党深刻认识到城乡差异是我国发展不平衡不充分最为突出的表现。发展是解决我国一切问题的基础和关键，发展必须是科学发展，必须坚定不移贯彻创新、协调、绿色、开放、共享的新发展理念，推动四个现代化同步发展。新时代推进实现农业农村现代化的进程中，应该将绿色发展理念贯穿乡村现代化建设的全过程，实现绿色现代化。绿色现代化是中国现实条件下与时俱进的现代化，是符合人类、自然和社会协调发展规律，实现人口、资源、环境的良性循环，确保中华民族可持续发展的现代化道路。

（一）实现农业绿色现代化

1. *生产方式绿色现代化*

生产方式现代化指现代生产力借以运行的制度和规则。农业生产方式绿色现代化是符合人类、自然和社会协调发展规律，实现人口、资源、环境的良性循环的现代农业生产力运行的制度和规则。农业生产方式绿色现代化是实现农业绿色现代化的重要组成部分，关系着顺利实现农业绿色现代化。新时代，实施乡村振兴战略，要大力推行绿色生产方式，实现生产方式绿色现代化。因此，在开启中国特色社会主义现代化国家的建设道路之际，以"绿水青山就是金山银山"的绿色生产观为指导，通过加快引入现代科学技术、先进管理经验等逐步发展农林牧渔的循环农业，实现废弃物资源化利用，努力实现经济效益和生态效益协调发展的绿色、低碳、循环绿色现代化的农业生产方式。

2. *产业体系绿色现代化*

农业产业体系现代化指的是构建农村第一、二、三产业融合发展体系，主要包括延长产业链、提升价值链、完善利益链、建设现代化农产品冷链仓储物流体系、推动农村流通现代化、实施休闲农业和乡村旅游精品工程等。农业产业体系绿色现代化是符合人类、自然和社会协调发展规律，实现人口、资源、环境的良性循环的第一、二、三产业融合发展体系。当前，我国粮食产量连年突破，从而实现自给自足，加上农民日益增长的美好生活需要，要求农村发展不能再仅仅依靠单一农业生产，而是要形成多元化、绿色化的产业体系。以绿色发展推动农业体系现代化，深化农业绿色产业体系，逐步形成农、林、牧、渔、绿色农业产业体系和绿色农业、绿色加工业、绿色服务业为融合的绿色产业体系；新时代农业发展要面向未来，坚持以绿色为底色，稳步推进农业产业体系绿色现代化，推动实现农业绿色现代化。

3. *产业技术绿色现代化*

农业产业技术现代化是指用现代化的农业技术来代替落后的农业技术以促进农业生产力的发展。农业产业技术绿色现代化是以人类、自然和社会协调发展为基础的现代化农业产业技术。新时代推进乡村振兴绿色发展道路要注重创新和科技成果的转化利用。自主创新是推动高质量发展、动能转换的迫切要求和重要支撑，必须创造条件、营造氛围，调动各方面创新的积极性。在推动农业现代化建设中，要引导科学技术要素进入传统农业领域，提供科技成果在农业生产中的使用率，通过科技创新带动农业绿色化发展，从根本上转变传统农业生产方式。无数的经验已经证明，农业发展要依靠科技力量，实现农业绿色现代化同样不例外。

（二）实现农村绿色现代化

农村现代化就是在科学技术的支持下，实现乡村生态美、设施全、服务优的乡村空间。农村绿色现代化就是指符合人类、自然和社会协调发展规律，实现人口、资源、环境的良性循环，实现农村可持续发展的现代化道路。新时代，以绿色发展理念引领农村绿色现代化，就是要实现生态环境、基础设施、公共服务等的现代化，最终实现农村绿色现代化目标。

1. 生态环境现代化

农村生态环境现代化就是要塑造天蓝、地绿、水清的生态环境。我国农村拥有丰富的生态资源和优美的生态环境，这是农村最宝贵的财富。新时代，推进农村现代化必须把生态环境修复和保护放在首要位置，实现农村生态环境现代化。具体而言，要持续恢复农村被过度消耗资源，保护天然林场、土地耕地等，使农村草木再度繁茂、土地再度肥沃、河流湖泊再度碧绿，再现资源丰富的富饶乡村。要持续改善农村环境状况，大力推动修建绿色公园、绿色湿地，逐渐形成鸟语花香的美丽乡村。农村生态环境现代化是农村现代化的基础，必须把农村生态环境现代化建设作为乡村振兴绿色发展道路的重点工作深入推进。

2. 基础设施现代化

基础设施现代化是指为社会生产和居民生活提供的结构优化、集约高效、经济适用、智能绿色、安全可靠等特征的一般物质条件。绿色发展引领农村绿色现代化，要以农村基础设施现代化为重要支撑，通过完善农村垃圾处理站、污水处理站建设布局，推进公共厕所和农民家庭厕所改造，提高节能环保照明使用率，逐步改善农民的生活环境，打造优美宜居家园。要积极与国家基础设施建设的战略部署相结合，引入互联网技术，通过合理布局光缆、信号塔等现代化的信息基础设施，丰富农村基础设施建设的层次和体系，适应现代农业农村发展需要。农村基础设施现代化要立足长远，与城市融合，才能真正助力农业发展，造福农民生活。

3. 公共服务现代化

公共服务现代化是指基于高效、绿色、安全提供的公共服务。农村公共服务建设是农民最为关注的问题，关系到农民的切身利益。我国长期存在城乡二元结构，其中，比较突出的表现就是城乡公共服务二元化，城市的教育、医疗、养老、保险等资源远远超过农村水平。近些年，我国大力推动城乡公共服务均等化，推动城乡资源融合。接下来，我国要针对存在的问题，进一步完善农村公共服务建设，首先要建设更多医院、学校、养老中心等基础设施，通过这部分品质优、功能全的公共服务基础设施吸引更多的社会资源下乡，服务农民。以绿色发展引领农村绿色现代化必须注重公共服务现代化建设，这是解决农民后顾之忧、引导农民追求绿色健康生活的重要物质保障，必须持续推进。

（三）实现农民绿色现代化

推进乡村振兴绿色发展道路，聚焦农民，就是要实现农民绿色现代化。农民绿色现代化是指以人与自然和谐共处的基本理念为指导，塑造农民绿色生活方式、丰富农民绿色生活体系、提高农民综合文化素质等，满足农业农村绿色发展要求的新农民。推进乡村振兴绿色发展道路，将实现农民绿色现代化作为主要的目标之一，一方面，是坚持农民主体原则，充分发挥农民主体地位和作用的体现；另一方面，是解决当前农村发展不平衡不充分问题，推动实现人与自然和谐共处，进而实现农业农村绿色现代化。新时代，要推进乡村振兴绿色发展道路，就要着力实现生活方式现代化、生活体系现代化、综合素养现代化，最终实现农民绿色现代化。

1. 生活方式现代化

在绿色发展理念的引导下，农民生活方式现代化是农民绿色现代化的基础。没有形成与时代相符的绿色生活方式，农民也就难以称得上实现绿色现代化。实施乡村振兴战略，一个重要任务就是推行绿色生活方式，构建以节约、适度、绿色、健康的生活方式和消费理念，形成现代化的生活方式，不仅是农民自身素质的体现，而且也是农业农村走向现代化的重要推动力量。由此可见，乡村振兴绿色发展道路建设，实现农民绿色现代化很关键，而其中实现生活方式现代化又是实现农民绿色现代化的重要因素，必须大力推进。

2. 生活体系现代化

立足当下，面向未来，实现绿色农民现代化，就必须构建绿色生活体系，包括提供绿色农产品来满足优质物质产品需要，提供绿色文化产品满足优质文化产品需要等。提供绿色农产品满足美好物质需要，要不断丰富绿色农产品内容，使农民有更加丰富的选择，从而满足农民对优质物质产品来需要。提供绿色文化产品满足优质文化产品需要，要以乡村传统绿色文化为基础，融入现代绿色文化，为农民提供内容丰富、形式多样的绿色文化产品，从而满足优质文化产品需要。

3. 综合素质现代化

推进乡村振兴绿色发展道路，人才是关键，要全面提升农民的文化素养、职业技能、管理水平等，实现农民综合素质现代化。提高农民素质，就是要培育有文化、懂技术、会经营的新型农民。与传统农民相比，新型农民的思想开放、文化水平高职业技能强。他们在参与到农业现代化建设中，能够最大限度提高农业生产效率，促进农业生产质与量的实质性提升。新时代，走乡村振兴绿色发展道路，培育新型职业农民有利于解决农业现代化过程中"谁来种地"的问题。新型农民群体表现出了综合性特征，他们不仅有从传统农民转型而成的新型农民，还包括一大批本身就拥有职业技能、生产设备的农业大户或农村带头人。针对新型农民群体的结构特征，党和政府在培育新型职业农民之时，视野就不能仅仅局限于传统农民，而是要充分调动城市、农村的农民人才，通过两手准备，吸收优秀人才参与乡村建设，努力实现绿色农民现代化。

三、乡村振兴探索绿色发展道路的重要任务

乡村振兴战略的第一条是产业兴旺，其关键是推动以第一、二三产融合为主要方向的农业供给侧结构性改革。探索我国乡村振兴绿色发展道路，结合现实情况，按照生态优先，"三生"协调发展的基本思路，提出推进绿色生态建设、绿色生产建设、绿色生活建设作为乡村振兴绿色发展道路的主要任务，从而为全面推进乡村振兴绿色发展道路指明方向。

（一）保护绿色生态环境

优美的生态环境、丰富的自然资源是大自然给予人类的最宝贵财富。探索乡村振兴绿色发展道路，重点是推进农村绿色生态建设，从而保护和修复乡村自然资源，解决农村突出环境污染问题，这是乡村振兴绿色发展道路在生态环境层面的首要任务。

1. 保护农村自然资源

（1）科学布局自然资源空间

"自然资源指的是在一个特定的国家或地区主权领土和可控大陆架范围内所有自然形成的在一定的经济、技术条件下可以被开发利用以提高人们生活福利水平和生存能力，并具有某种稀缺性的实物资源的总称。自然资源通常分为土地资源、矿产资源、生物（主要是森林）资源、水资源（仅指淡水）和海洋资源五大类。"自然资源是我国最宝贵的财富，具有不可替代的功能和价值。新时代在推进乡村振兴绿色发展道路上，乡村必须把保护和修复自然资源作为绿色发展的重要内容，通过协调自然资源空间布局，从而更好的涵养自然资源，促进其恢复发展。恢复合理的自然资源空间，要"完善天然林保护制度，健全耕地、草原、森林、河流、湖泊休养生息制度，建立统筹山、水、林、田、湖、草系统治理制度"。同时，要继续推行诸如退耕还林、建立天然林保护区、国家森林公园等措施，返还过去因过度发展经济而造成的对部分自然资源空间侵占的问题，逐步恢复到"生命共同体"各部分的合理空间结构，从而保障耕地、森林、草原等自然资源实现质与量的提升。

（2）发挥自然资源互补功能

新时代，我国推进乡村振兴绿色发展道路，解决好资源短缺的问题，必须合理发挥森林、草原、耕地等自然资源功能，实现自然资源相互补充、相互支撑。认识不同自然资源具备的功能是科学发挥各种自然资源功能的前提和基础。在实际的生产生活中，由于发展的需要或农民生活的需要，往往难以做到"山就是山，田就是田，水就是水"，不可避免地会造成"山也是田、田消耗水"的局面。因此，在推进乡村振兴绿色发展道路的进程中，必须做好制度安排，按照山、水、林、田、湖、草生命共同体的理念，重新审视各部分资源的内在属性和外部功能，并尽可能地找到接近资源自身属性特色的平衡点，最大化发挥自然资源本身的特有功能，确保物尽其用，让不同自然资源间相互协作、相互补充，实现功能最大、效果最优的良好态势，从而实现自然资源可持续发展。

2. 恢复农村生态平衡

（1）科学布局生态空间

我国农村土地面积辽阔，大面积的土地为农村生态发展提供了充足的空间。在推进乡村振兴绿色发展过程中，要注重科学布局生态空间，画定生态红线，实现不同生态之间协调有序，相互补充的良好态势。生态空间是指具有自然属性、以提供生态服务或生态产品为主体功能的国土空间，包括森林、草原、湿地、河流、湖泊、滩涂、岸线、海洋、荒地等。构建生态保护空间格局，需要尽快按照生态保护和国土空间需求画定生态红线，其中包括划定重要水源涵养、生物多样性保护、天然林场维护等生态功能的重要区域。同时，分区分类开展受损生态系统修复，采取以封禁为主的自然恢复措施，辅以人工修复，改善和提升生态功能，从而恢复生态空间合理布局。

（2）完善城乡空间布局

城乡融合发展是新时代实施乡村振兴战略的主要途径。推动乡村振兴绿色发展道路，以城乡融合发展为途径，要注重城乡空间布局。加快发展中小城市，推动农业转移人口就地就近城镇化。加快大城市周边卫星城发展，实现城市基础设施和资源共享，推动城市过剩产业向周围卫星城市转移。因地制宜地发展特色鲜明、产城融合、充满魅力的特色小镇和小城镇，加强以乡镇政府驻地为中心的农民生活圈建设，以镇带村、以村促镇，推动镇村联动发展，避免过度发展农村导致的生态空间侵蚀。也就是说，在城乡空间布局中，城镇是重要的连接点，一方面，连接城市，承接大城市转移的过剩产业；另一方面，连接农村，承接不适合在农村发展产业和向城市转移的人口。通过科学布局城市、城镇、乡村各部分空间，做到各尽其责、互相补充，从而保护农村的生态空间，助力农村生态的修复和恢复。在乡村振兴绿色发展中，城乡融合不仅是人口、资源的融合，而且也应包括空间融合，做到有序衔接，从而保护生态，推动农村生态建设。

（二）推进绿色生产发展

新时代，我国乡村振兴探索绿色发展道路必须坚持生态优先的发展理念，把推进绿色生产发展为主要任务，着力构建绿色生产方式，形成绿色农业体系，实现经济发展与生态环境协调的产业发展模式，最终实现产业绿色振兴的目标。

1. 构建绿色生产方式

构建农业绿色生产方式是新时代农业转型升级的必然选择。要完整、准确、全面贯彻新发展理念，形成节约资源和保护环境的生产方式，努力建设人与自然和谐共生的现代化。因此，乡村振兴绿色发展道路要把发展绿色农业作为主要任务，通过形成资源节约和环境保护型农业生产方式，逐步缓解农业资源环境压力。

2. 形成绿色农业体系

没有农业现代化，国家现代化是不完整、不全面、不牢固的。经过了多年的努力，我国农业现代化建设取得巨大成就，粮食稳定增收，农业科技含量不断提升等。但客观来讲，农业仍然是我国现代化建设的薄弱环节。新时代，乡村振兴探索绿色发展道路要构建绿色产业体系和生产体系，形成绿色农业体系。

（1）构建绿色产业体系

随着我国农村改革逐步深入，传统的单一农业已经不再适应现代发展的需要。面向未来，构建绿色产业体系已经成为推动实现农业现代化的必然要求。新时代，以绿色发展理念推动绿色产业体系建设，首先，要完善绿色农产品产业体系。在坚持以粮食生产安全保障为基础，突出优质、特色、绿色特征，按照标准化、规模化为原则，注重农业产业协作，完善粮改饲、粮豆轮作补助政策，合理布局畜禽、水产养殖，引导农民耕种差异化、互补化，从而推进绿色粮食、绿色蔬菜、绿色水果、绿色畜牧、绿色棉花等优质农产品的供给。其次，要丰富农村多功能产业体系。依托于产业园和当地优势，推动产业融合发展。政府要积极引导市场的激励作用、企业的引领作用，找准让农村第一、二、三产业"绿色起来"的结合点。

（2）构建绿色生产体系

构建现代农业生产体系，核心是要促进农业供给更好地适应市场需求变化、更好地适应资源与环境条件，实现可持续发展。构建农业绿色生产体系，要加快推进农业机械化水平，加强种植业设备、养殖业设备、农田水利设施等基础设施建设和机械化程度，重点攻克一批制约农业高质量发展的瓶颈问题。要推动农业科技创新，建立现代化绿色农业科技创新体系。要注重信息化建设，将信息化、大数据等技术应用到农业生产管理模型设计中，推动实现"互联网+"的现代农业生产方式。要加强农产品质量安全监管，建立从田头到市场到餐桌的全程监管链条，推进农产品质量安全追溯体系建设。在乡村振兴绿色发展道路上，要坚持构建绿色农业生产体系，不断满足人们对美好农产品的需要，实现农业绿色现代化。

（三）培育绿色生活消费

1. 促进农民消费转型

进入新时代，我国农村经济得到极大发展，农民生活质量显著提升，倡导以绿色为底色的生活方式和消费行为势在必行。推动乡村振兴绿色发展道路，促进农民消费转型，要引导农民形成绿色消费习惯，提供更多的绿色产品，满足农民新的需要。

2. 完善设施服务建设

马克思认为："随着社会发展，用来满足共同需要的部分会显著地增加，并随着新社会的发展而不断增长。"也就是说，乡村的基础设施和公共服务能力会随着乡村振兴而增强。完善基础设施和公共服务，是实现乡村振兴、开启城乡融合发展和农业农村现代化建设新局面的必要条件。新时代在乡村振兴绿色发展道路上，以城乡融合发展为路径，破解基础设施和公共服务的城乡差距，完善基础设施建设、健全公共服务供给，为农民创造舒适的生活环境和便利的生活方式，从而推动农民绿色生活建设。

综上所述，新时代乡村振兴探索绿色发展道路有明确的原则、目标和任务，这些内容为乡村振兴探索绿色发展道路制定了时间表和路线图。坚持乡村振兴绿色发展道路要以坚持生态优先、农民主体、因地制宜、党的领导为基本原则，在满足乡村振兴绿色发展道路内在属性和外部环境要求的基础上，保障乡村振兴绿色发展道路有序发展。乡村振兴探索绿色发展道路重点在于破解农业、农村、农民存在的问题，努力实现农业绿色现代化、农村绿色现代化、农民绿色现代化。乡村振兴绿色发展道路的实施方略是在绿色发展理念的指引下，协调生态、生产和生活关系，实现现代化的发展目标，应坚持生态优先，推动"三生"协调发展，加强生态环境建设，推进绿色产业发展，培育绿色生活服务。乡村振兴探索绿色发展道路是新时代党中央重要的战略部署，要严格按照既定的战略部署持续推进，最终实现乡村全面绿色发展的现代化目标。

第二节　乡村振兴绿色发展道路的实施路径

一、加强农村基层组织建设

推进乡村振兴绿色发展道路，要重视农民在乡村绿色生态、绿色生产、绿色生活中的作用，保障农民群体的利益，需要"建立和完善以党的基层组织为核心、村民自治和村务监督组织为基础、集体经济组织和农民合作社为纽带、各种经济社会服务组织为补充的农村组织体系，使各类组织各有其位、各司其职"。当前，要重点发挥基层党组织、农村经济合作社和农民自治组织等作用，协调农村绿色平衡发展。

（一）加强基层的党组织建设

农村基层党组织是党在农村全部工作和领导能力的基础，是农村各种组织和各项工作的领导核心。党的工作最坚实的力量支撑在基层，经济社会发展和民生最突出的矛盾和问题也在基层，必须把抓基层打基础作为长远之计和固本之策，丝毫不能放松。推动乡村振兴绿色发展道路，加强基层党组织建设，重点要明确党组织的领导地位、提高党员干部的参与度、发挥党员先锋的模范带头作用。

1. 发挥基层党组织的作用

有位才能有为，在其位谋其政。推进乡村振兴绿色发展道路首先要明确党在乡村振兴绿色发展道路建设中的地位，这是发展的前提。坚持党的集中统一领导是马克思主义政党的本质属性，也是实现中国特色社会主义发展的根本要求。这就明确指出要坚持党对一切工作的领导，也包括对推进乡村振兴绿色发展道路的领导。

2. 提高党员干部队伍素质

党员干部的综合素质是保障党的先进性和可靠性的重要保障，推进乡村振兴绿色道路要发挥基层党组织的作用，首先要保障基层党员干部有过硬的综合素质。提高基层党员干部的综合素质要坚持与时俱进，既要大胆任用优秀年轻干部，也要全面加强党员的日常培训。

3. 加强党员干部监督约束

基层党员干部是我国乡村振兴绿色发展的重要力量，在推进乡村振兴绿色发展道路上发挥支持、引导等重要作用。发挥党员干部的作用，除了优化党员队伍结构，提高党员干部综合素质，同时要加强对党员干部的监督，做到党员干部自查自省和外部约束。只有以严格的规章制度约束党员干部的行为，努力做到权责对等、责任清晰，才能倒逼党员干部有作为、真作为，真正为推进乡村振兴绿色发展道路做出贡献。

（二）加强经济合作组织建设

组织化是实现农民主体性的主要因素，经济组织是关乎农民经济利益的组织。推进乡村振兴绿色发展道路要兼顾经济效益与生态效益，实现三产融合，这就离不开农民群体的力量。缺少有效的组织建设难以发挥农民的集体作用，难以协调多方主体权益，难以从农民主体视角出发发展绿色生态、绿色生产、绿色生活。加强村民经济合作组织能够更好地发挥农民的集体作用，引导村民投身第一、二、三产绿色发展中，实现政府、企业和村民的共商、共建、共享。当前，根据我国国情，加强村民经济合作组织主要是建立农民专业合作社，探索农民合作社联盟，推动合作社高质量发展。

1. 建立农民专业合作社

农民专业合作社是带动农户增加收入、发展现代农业的有效组织形式，要总结推广先进经验，把合作社进一步办好，壮大农村集体经济，是引领农民实现共同富裕的重要途径。新时代，建立农民专业合作社不仅能够引领农业现代化发展，而且能够引导农民更好地参与到产业融合发展当中，以产业融合带动乡村振兴绿色发展。

2. 提高合作社作用成效

合作社在我国已经有了相当长时间的发展历程，是我国发展集体经济、发挥农民作用的重要载体。新时代，推进乡村振兴绿色发展道路更要发挥好合作社的作用，通过合作社集中农民的力量，发展农村集体经济，为绿色产业发展提供重要保障。

（三）加强村民自治组织建设

村民自治组织制度是社会主义民主制度的重大发展，是参与范围最广、规模最大、最能体现人民当家做主的民主形式。要丰富基层民主协商的实现形式，发挥村民监督的作用，让农民自己"说事、议事、主事"，做到村里的事村民商量着办。推进乡村振兴绿色发展道路要充分发挥村民自治组织的作用，村民依托于村民自治组织参与乡村绿色生态建设、绿色生产建设、绿色生活建设。

1. 发挥村民委员会作用

村民委员会是我国农村主要的村民自治组织。新时代，推进乡村振兴绿色发展道路建设，依然要发挥村民委员会的作用。依托于村民委员会，切实做好乡村生态资源管理、乡村绿色产业规划、村民健康生活塑造等工作。

2. 建立其他村民自治组织

在农业农村现代化不断推进的过程中，除了村民委员会，我国许多农村自发成立了各种村民自治组织，如百事服务团、法律服务团、道德评判团等。这些村民自治组织尽管成立的目的和方式不尽相同，但都在乡村治理和乡村建设中发挥了重要作用。新时代，推进乡村振兴绿色发展道路要注重建设形式功能多样的村民自治组织，完成生态保护功能、产业发展功能、文化建设功能、人才培养功能等，助力乡村振兴绿色发展。

二、建设农村绿色人才队伍

要推动乡村人才振兴，把人才资本开发放在首要位置，强化乡村振兴人才支撑，让愿意留在乡村、建设家乡的人留得安心，让愿意回报乡村的人更有信心，激励各类人才在农村广阔天地大施所能、大展才华、大显身手，打造一支强大的乡村振兴人才队伍。新时代要推进乡村振兴绿色发展道路，必须把人才队伍建设放在首位，培育更多新型农民、吸引更多人才下乡，号召更多能人返乡，充分发挥人才在乡村生态环境治理、产业绿色发展中的作用。

（一）培育更多新型农民

农民素质不高，是制约农民在推进乡村振兴绿色发展道路中发挥作用的主要原因。要让农民成为乡村振兴绿色发展道路上的主体，迫切需要培养塑造一批新型职业农民，满足农业、农村、农民绿色现代化发展要求。要培养造就一支新型职业农民队伍，优化农业从业者结构，改善农村人口结构。因此，要加快培育新型农民，提高农民综合素质，才能为乡村振兴绿色发展道路建设提供重要的人才资源。

1. 加快培育新型农民

农民是乡村建设的主体。新时期推进乡村振兴绿色发展道路，既要有满足现代农业生产需要的新型职业农民，也要有适应产业融合发展需要的综合型农民。因此，推进乡村绿色道路建设，必须提高农民综合素质，把农民培训教育作为重要工作开展。

2. 提高农民综合素养

培养新型农民、促进农民绿色现代化，就是要实现农民全面发展。提高农民素质，就是要培养造就新型农民队伍，培养有文化、懂技术、会经营的新型农民。因此，新时代推进乡村振兴绿色发展道路，要重点培育有绿色文化、懂绿色技术、会绿色经营的新型农民，全面提升农民素质，发挥农民主体作用。

（二）吸引更多人才下乡

推进乡村振兴绿色发展道路，要把以城乡融合发展为路径，吸引更多城市优秀人才下乡，参与乡村振兴绿色发展。要想方设法创造条件，让农村的机会吸引人、让农村的环境留住人，特别是要让一部分年轻人热爱农村农业。我国推进乡村振兴绿色发展道路，既要支持市民下乡，更要激励农民返乡，这样才能让特色乡镇充满活力。

1. 支持市民下乡

随着农村经济社会迅速发展，人口流动出现双向发展趋势，既有农民进城也有市民下乡。市民下乡可以实现城乡资源双向流动，盘活农村空闲资源，带来先进绿色科技和高效管理经验，为推进乡村振兴绿色发展道路注入活力。要把人力资本开发放在首要位置，畅通智力、技术、管理下乡通道。在农业农村绿色现代化建设中，准确把握市民下乡新趋势，出台多项政策，如武汉市"三乡工程"等，吸引市民下乡，满足了市民下乡的新需求。

2. 激励农民返乡

进入新时代以来，我国农村发展呈现良好态势，为农民就业创业提供了大量机会。推进乡村振兴绿色发展道路，既要支持市民下乡更要鼓励农民返乡，这是破解农民流失多，发挥农民主体作用的有效途径。要激励农民返乡、农民回乡，既要为返乡的农民创造更多共建、共享机会，也要加大对返乡农民的扶持力度。目前，我国为吸引农民返乡参与乡村振兴绿色发展，提供了资金、税收、住房等多种优惠条件。

（三）充分发挥能人作用

乡村振兴需要能人带领。能人一般是指有才能的人，包括乡贤、企业家、知识分子等。乡村振兴也需要有生力军。要让精英人才到乡村的舞台大施拳脚，让农民企业家在农村壮大发展。推进乡村振兴绿色发展道路要充分发挥能人作用，既要引导更多能人回乡、下乡，更要发现重用培养本地能人。

1. 引导更多能人回乡、下乡

能人是推动乡村振兴的重要力量。随着我国城乡一体化进程加速，农村成为经济社会发展前沿，开始释放出巨大的发展潜力，为进城能人回乡提供有利条件。引导更多能人回乡、下乡，"是一个对传统乡村补血的过程，既可以填补精英流失带来的空缺，又可以带动城市资源下乡，还可以借助回归乡贤乡绅拥有的广泛社会关系、较高的个人威望和道德人格魅力整合乡村内外各种社会资源，实现资源集约化使用"。一是持续推进能人回乡。

吸引有志于推进乡村振兴绿色发展道路的能人返乡，参与农村生态环境治理、农业绿色转型升级，带动更多农民实现共同富裕。二是支持更多能人下乡。城市集中了大量人才、能人、精英，对于那些没有能人回乡的不少乡村，"给予下乡精英相应的奖励补贴，通过优先提供创业资助、落户服务、配偶就业、子女入学以及医疗保障等待遇"，引导城市能人、精英、知识分子下乡。

2. 发现重用培养当地能人

推进乡村振兴绿色发展道路不仅要引导能人回乡、下乡，而且要善于发现挖掘重用培养当地能人。能人是推进乡村振兴绿色发展道路的重要力量，发现、挖掘、任用、培养当地能人担任领头雁至关重要。一要发现重用当地能人。从国内外成功经验来看，当地能人在乡镇建设运营中发挥了重要作用。中国民间、乡间不缺能人，需要相关部门善于发现能人，更要大胆启用、重用这些能人，让他们在推进乡村振兴绿色发展道路中有用武之地。二要大力培养本地能人。我国推进乡村振兴绿色发展道路可以借鉴国内外经验，依托省市党校在党员干部培训中重点培养能人，提高乡村能人引领推进乡村振兴绿色发展道路的职业技能和管理能力。

三、创新运用绿色技术管理

科技是第一生产力，发展绿色农业离不开科学技术的进步和运用。马克思曾说："科学的进步，特别是化学的进步，发现了那些废物的有用性质。"同时马克思还认为科学技术可以"使那些在原有形式上本来不能利用的物质，获得一种在新的生产中可以利用的形式"。科学技术不仅能提高生产效率，而且能够改变人们的生活方式，因此，在乡村振兴绿色发展中有着显著的地位和作用。新时代推进乡村振兴绿色发展道路，构建人与自然和谐共生的发展方式必须以科技创新和管理方式创新为动力，这是实现农业、农村、农民绿色现代化的必然选择。

（一）创新绿色农业科技

农业是国民经济的基础，必须把农业发展摆在突出位置。新时代，农业发展必须把转型升级作为重要着力点，坚持质量兴农、绿色兴农、效益优先，把科学技术作为主要推动力，加快农业现代化建设，走绿色农业发展道路。

1. 创新绿色农业生产技术

我国是农业大国，也是人口大国。我国农业生产目标仍然是提高粮食产量，保障粮食安全为主。创新绿色生产科技是基于我国国情和乡村振兴绿色发展道路要求出发，集中应用一批先进的科学技术，满足现代化农业生产的需要，促进农业的绿色化和效益化转型。

2. 发展提质增效安全技术

新时代，我国人民对优质农产品的需要与产品供给不足成为主要矛盾。推进乡村振兴绿色发展道路必须把解决当前面临的突出矛盾作为重要任务，提质增效发展农业安全技术，重点解决农作物病虫害防控技术、禽畜养殖重大疫病防控技术、水产健康集约养殖技术等，始终把农产品安全作为行动的出发点和落脚点。

（二）推进农业机械化

新时代，农业发展要改变传统资源消耗型、劳动密集型的生产方式，坚持市场导向、问题导向和目标导向，瞄准设施农业绿色高效发展的机械化需求，推进农机设备多样化，提高农机设备使用率，全面提升农业机械化水平，支持农业机械化高质量发展。

1. 提高农机设备使用率

近些年，我国农业机械化水平不断提高，农业生产持续走向绿色高效发展。但是我国农业机械化发展时间较短，仍然存在很多问题。推进农业机械化水平，提高农机设备使用率，重点解决农机配套基础设施建设和开发更多种类农机设备不足的问题，逐步实现农业生产绿色化、高效化发展。

2. 推进农机设备智能化

在我国步入信息化和智能化的时代，乡村机械化发展也要紧随时代步伐，加快推进信息化与机械化融合发展，实现农业机械设备智能化。加快推进农机设备智能化发展，重点开展机械自动化建设和农业大数据建设，满足农业规模化生产和精细化生产的需要，这也是乡村走向绿色化发展的内在要求。

（三）创新产业运营模式

随着乡村振兴战略不断推进，越来越多的城市资源下乡，推动城乡融合发展。城乡资源融合，不仅为农村发展带来了资金、人才等资源，也为农村带来了不少风险，其中最突出的问题是资本逐利性导致对生态环境和农民生活幸福的忽视。为此，推进乡村振兴绿色发展道路，改变以资本为主的单一运营模式，创新形成以农民为主体和民企合作的运营模式，充分发挥农民的主人翁意识和作用，从而促进乡村走向高质量、可持续发展道路。

1. 发展农民主导的运营模式

坚持农民为主导的乡村产业运营模式，是推行乡村振兴绿色发展的重要成功经验。在我国，马庄村、袁家村都是坚持农民主导的乡村产业运营模式发展典范。以农民为主导的运营模式，是乡村集体经济的重要体现方式，能够更好地保障村民集体权益，兼顾农民经济权益和乡村整体利益，推进乡村走向绿色可持续发展道路。

2. 发展民企合作的运营模式

近些年，乡村振兴绿色发展强调要充分吸收利用企业等社会力量下乡参与乡村建设，逐步走向城乡融合的发展道路。由此，以民企合作为主要运营模式的乡村产业融合发展道路逐渐成为主流。民企合作为主要运营模式的乡村产业发展方式既能够弥补乡村资源匮乏、技术短缺等优势，也能够保障农民在乡村振兴绿色发展中的权益。推动发展民企合作的运营模式要注重合理分配农民和企业的作用，实现双方共建、共治、共享。

四、传承发展乡村绿色文化

马克思认为文化是通过人们改造自然的实践活动形成的，他强调"社会物质生产对文化思想的决定性作用，同时也重视文化的能动作用"。文化振兴是乡村振兴的五大振兴之一，是推动实现乡村振兴战略的重要内核。新时代，推动乡村振兴绿色发展道路既要有外在动力，也要有内生力量，这就要求要发展绿色文化。绿色文化即人类与环境的和谐共进，是人类实现可持续发展的文化。传承和发展乡村绿色文化应是乡村振兴绿色发展道路的重要内容，要丰富绿色文化内容、创新文化表现形式、培育文化传播途径，使绿色文化成为乡村振兴的重要内生力量，从而推动乡村振兴绿色发展道路。

（一）丰富绿色文化内容

对于绿色文化的继承和创新首先要有足够丰富和优秀的绿色文化内容。我国有十分悠久的历史，其中蕴含着丰富的绿色文化。新时代，推进乡村振兴绿色发展道路要把丰富绿色文化内容作为重要工作内容，继承优秀绿色文化、树立乡村环保新风，为提供培育农民绿色文化素养提供重要素材。

1. 继承优秀绿色文化

我国历史悠久，在漫长的历史发展过程中，我国农村逐渐形成了特定的社会结构、文化风俗和思想传统。在长期发展过程中，乡风民俗、村落舆论、村规民约、地方风俗等成为维系村落价值取向和有序运行的重要载体，它们以潜移默化的形式不断强化乡民的行为规范，并内化为乡民的道德准则，成为乡村治理乃至乡村振兴的重要文化依托。新时代，推进乡村振兴绿色发展道路，就要培育乡村绿色文化生活。

2. 树立乡村环保新风

要推动乡村文化振兴，加强农村思想道德建设和公共文化建设，以社会主义核心价值观为引领，深入挖掘优秀传统农耕文化蕴含的思想观念、人文精神、道德规范，培育挖掘乡土文化人才，弘扬主旋律和社会正气，培育乡风文明、良好家风、淳朴民风，改善农民精神风貌，提高乡村社会文明程度，焕发乡村文明新气象。推进乡村振兴绿色发展道路的主体是农民，农民缺乏生态环保意识，农村的绿色生产生活也就难以成形。因此，要把树立乡村环保新风作为重要内容持续推进，助力乡村振兴绿色发展道路建设。

（二）创新文化表现形式

为了更好地推进绿色文化发展，创新文化的表现形式十分重要。创新文化表现形式要注重两手抓：一方面，注重对传统的文化表现形式的继承和创新；另一方面，发展现代化的文化表现形式。在多元文化表现形式的助力下，更好地传播绿色文化，更好地发挥绿色文化对于推进乡村振兴绿色发展道路的作用。

1. 创新传统文化表现形式

文化表现形式是文化内容以一定载体表现出来的被人所感知的方式。过去，我国对于文化传播的重视程度不够，文化表现形式大多以戏曲、舞蹈、诗歌等传统形式为主。新时代，随着农村经济水平提升，越来越多的农村人群，特别是年轻人对传统文化表现形式的接受度下降，取而代之的更具有个性文化表现形式。通过创新传统文化表现形式，有助于更多农村人群接受绿色文化传播，从而引导人们形成绿色发展意识，推进乡村振兴绿色发展道路。

2. 发展现代文化表现形式

新时代，乡村振兴探索绿色发展道路要面向未来，能够顺应未来发展潮流。推动绿色文化在农村传播，既要继承和创新传统的文化表现形式，而且还要发展符合农业农村现代化发展需要的文化表现形式，形成中西结合的现代文化表现形式。

（三）培育文化传播媒介

传播媒介，也可称为传播渠道、信道、传播工具等，一般是传播内容的载体。近些年，随着科技水平不断提升，文化传播的媒介也呈现出不同的形式。新时代，推动乡村绿色文化发展，痹，不能忽一方面视传统文化传播媒介，要通过创新使传统传播媒介发展成为符合现代要求的传播介质；另一方面，要发展新媒体媒介，让现代化的传播工具服务绿色文化传播。

1. 创新传统传播媒介

我国历史悠久，早在汉朝就发明造纸术，从而纸张成为早期重要的文字记载和传播的工具。经过了上千年的发展，纸张、书籍不断被传承下来，作为我国文化传播最主要的形式。新时代，推动我国农村绿色文化传播，要把传统的传播工具更好地加以继承和创新，符合新时期人民群众的需要。

一是以现代技术手段创新传统媒介。随着我国经济发展和互联网技术兴起，书籍的形式也越发多样化，其中，电子书、网络书籍等较为典型，符合新时代年轻人阅读需要。与传统书籍相比，电子书携带方便，阅读体验感也显著不同，更加能够适应年轻人快节奏的生活方式。因此，推进乡村绿色文化传播，要形成更多以电子书等形式作为传播介质的绿色文化书籍，方便更多农村人群使用，为培育农村绿色文化意识提供便利。

二是创新传统媒介的要素和素材。书籍是我国最主要的文化传播工具。近些年，随着人们需求多样化，书籍中的要素和素材也更加多样化，不仅要表达主要内容，而且通过图标、插画、照片等多种素材丰富书籍内容，使书籍更加有可读性，能够满足不同人群的需要。我国农村绿色文化内容丰富，为书籍要素多样化提供了素材。因此，推进农村绿色文化发展，更要注重对书籍中的要素和素材的创新，吸引更多农村人群购买、使用书籍，从而传播绿色文化。

2. 发展新媒体媒介

新媒体是建立在计算机信息处理技术和互联网基础之上，发挥传播功能的媒介总和。在互联网时代，新媒体技术的运用已经成为文化传播重要的传播介质。新时代，要把新媒体工具作为对外宣传的重要窗口，吸引更多企业参与乡村绿色产业发展，引导农民形成绿色生产生活方式，助力推进乡村振兴绿色发展道路。

五、制定完善相关政策制度

推进乡村振兴绿色发展道路需要制度保障，这样才能在实践中正确处理和规范发展中人、财、物的关系。推进乡村振兴绿色发展道路，重点建立完善人才、资金和土地等政策制度，妥善解决好人、财、物的问题。

（一）完善人才振兴政策

人才始终是乡村发展的关键。当前，高素质人才短缺，农民综合素质不高，是制约乡村振兴绿色发展的重要因素。解决人才质量和数量与乡村振兴绿色发展不相匹配的问题，迫切需要重点要从引导政策、教育政策以及人才引进政策等方面着手，制定人才下乡及农民教育政策，丰富农村人才队伍。

1. 制定人才能人下乡政策与制度

当前，我国农村仍然面临着人才短缺的困境。新时代，推进乡村振兴绿色发展道路，建设绿色生态、绿色生产、绿色生活等方方面面都离不开人才支撑。因此，推进乡村振兴绿色发展道路，必须把人才队伍建设作为重要内容，制定人才能人下乡政策，吸引更多的优秀人才参与农村建设，为乡村振兴绿色发展注入生机和活力。

2. 落实农民教育培训政策与制度

推进乡村振兴绿色发展道路需要更多农民参与。然而，在农业农村农民绿色现代化发展中，农民参与水平很大程度上受制于其受教育程度。当前，我国农民受教育程度普遍不高是不争的事实。因此，提高农民受教育程度必须加强农民教育培训，从小着手，加强农村基础教育和农民职业技能培训，并制定与之相配套的政策与制度。

(二) 完善财政金融政策

制定财政、金融、社会保障等激励政策，吸引各类人才返乡入乡创业。要加大农业投入力度，财政再困难也要优先保证农业支出，开支再压缩也不能减少"三农"投入，要提高农业补贴的精准性和指向性。现阶段，推进乡村振兴绿色发展道路，同样离不开健全完善乡村绿色财政和金融政策，这是乡村振兴绿色发展的重要保障。

1. 健全财政投入政策

长期以来，我国大部分农民经济条件仍然十分薄弱，健全乡村振兴绿色发展的财政投入政策主要是对农民主体的财政投入政策支持。财政资金投入是支持帮助农民参与乡村振兴绿色发展最直接、最有效的措施。我国对农村的财政支持和保障主要集中在基础设施建设，直接补贴、支持农民主体的财政政策还比较少。在乡村振兴绿色发展道路建设过程中，要重视农民的地位，完善支农、惠农的财政投入政策，增加对农民主体的财政投入力度，鼓励农民以创业、入股等方式参与乡村振兴绿色发展。

2. 完善金融信贷制度

除政府财政投入以外，健全的金融信贷制度也是完善乡村财政体系的重要内容。我国农村由于经济条件薄弱，农民的收入有限，导致农村农民的金融抗风险能力弱，这就导致了银行难以把资金投入到农村。新时代，在乡村振兴战略大背景下，乡村潜能逐步释放，农民的经济收入水平稳步提升，与之伴随的是金融抗压能力不断提高。这就要求，新时代必须完善支持农民主体的金融贷款制度，为农民及其组织借贷资金提供更多机会和渠道，助力乡村振兴绿色发展道路建设。

(三) 完善土地政策制度

土地是农民最宝贵的财富，也是乡村振兴的核心资产。传统农业发展道路，土地作为耕地资源被广泛使用。新时代，我国实施乡村振兴战略，为了满足乡村产业融合发展的需要，土地已经由单一的耕地性质转变为综合性质。推进乡村振兴绿色发展道路建设，要科学分配土地空间和性质，保障农村第一、二、三产业融合发展合理用地需求，为乡村绿色产业发展壮大留出用地空间。

1. 规范土地使用途径

我国农村土地大部分属于集体所有，为了能够合理分配土地空间和性质，必须"要尊重农民意愿、保障农民权益，防止土地过度集中到少数人手里，防止土地用途发生根本性变化，造成农村贫富差距过大"。推进乡村振兴绿色发展道路中，严格规范土地流转行为，严格界定土地使用范围和流转用途，这是保障农民权益和土地结构的关键点。

2. 规范土地利用方式

土地是农民的"命根子"，农民一旦失去土地就失去了最后的依仗，必将严重威胁到农民生存与发展，进而威胁到我国乡村可持续发展，乃至农业农村现代化的最终实现。因此，在推进乡村振兴绿色发展道路中，农民群体要更加重视土地的价值，高效使用土地，切实保障农民群体利益和乡村产业融合发展用地规范。

综上所述，面对农民作用缺失、组织建设滞后、技术创新不足、配套管理欠缺等因素的制约，推进我国乡村振兴绿色发展道路要更加有针对性，做到有的放矢。新时代，大力推进乡村振兴绿色发展道路，从组织、人才、科技、文化、制度五个方面着手。要加强农村基层组织建设，从党的组织建设、经济合作组织、村民自治组织三个方面，促进乡村绿色组织振兴。要完善农村人才队伍建设，培育新型农民，吸引城市人才，实现城乡人才资源流动交互，促进乡村绿色人才振兴。要创新运用相关技术管理，引入先进的技术、设备和管理经验，促进乡村绿色产业振兴。要传承发展乡村绿色文化，从内容、形式、媒介的角度，解决文化发展的阻碍，促进乡村绿色文化振兴。要制定完善相关政策制度，从人、财、物的角度，完善人才振兴政策、财政金融政策、土地政策制度，保障乡村绿色全面振兴。

参考文献

[1] 董观志. 山河壮志：从文旅富民到乡村振兴的操作模式与行动策略［M］. 武汉：华中科学技术大学出版社，2022.

[2] 农业农村部乡村产业发展司. 乡村产业园［M］. 北京：中国农业出版社，2022.

[3] 张德林，张海瑜，王玉斌. 中国乡村振兴——产业发展促进战略实施模式及实践案例［M］. 北京：中国农业大学出版社，2022.

[4] 马新立，余毅欣，马波. 有机农业区域发展与作物优质高效栽培技术方案［M］. 北京：中国农业出版社，2022.

[5] 李晓林，王冲，曹云忠. 乡村振兴丛书农产品电子商务发展研究［M］. 成都：四川大学出版社有限责任公司，2022.

[6] 姚海琴，张宇华. "美丽经济"铸就乡村振兴——共同富裕之水口模式［M］. 北京：科学出版社，2022.

[7] 贺卫光，尹伟先，祁进玉. 民族地区发展与乡村振兴［M］. 北京：社会科学文献出版社，2022.

[8] 刘悦，周琳，陈安华. 乡村振兴战略背景下小城镇发展建设［M］. 北京：中国建筑工业出版社，2022.

[9] 王华峰. 普惠金融与乡村振兴解读［M］. 成都：四川大学出版社有限责任公司，2022.

[10] 汪恭礼. 城镇化背景下的乡村振兴战略研究［M］. 合肥：安徽大学出版社有限责任公司，2022.

[11] 刘文奎. 乡村振兴与可持续发展之路［M］. 北京：商务印书馆有限公司，2021.

[12] 翟彬. 农业产业化对农户生计的影响研究［M］. 北京：中国经济出版社，2021.

[13] 游祖勇. 中国乡村振兴中的经典样板和传奇故事［M］. 福州：福建教育出版社有限责任公司，2021.

[14] 李杰义，唐玉琪，叶梦婷. 乡村红色资源价值转化机制与模式［M］. 北京：企业管理出版社，2021.

[15] 张曙红. 农民深度参与的"互联网+农村物流"模式及运行机制研究［M］. 北京：中国社会出版社，2021.

[16] 燕继荣，王禹澔．定边：脱贫攻坚引领发展［M］．北京：研究出版社，2021.

[17] 郑辽吉．特产开发与乡村振兴［M］．沈阳：东北大学出版社，2020.

[18] 陈潇玮．乡村振兴战略下农村产业与空间的转型与发展［M］．长春：北方妇女儿童出版社，2020.

[19] 师慧，季中扬．决胜小康：探索乡村振兴之路．鲁家村卷［M］．北京：北京美术摄影出版社，2020.

[20] 肖云作．城乡融合与乡村振兴：构建城乡统一建设用地系统论［M］．长春：吉林大学出版社，2020.

[21] 李雪莲，李虹贤，郭向周．现代农村经济管理概论［M］．昆明：云南大学出版社有限责任公司，2020.

[22] 张平弟．乡村振兴与规划应用［M］．北京：中国建筑工业出版社，2020.

[23] 肖金成，胡恒洋．中国乡村振兴新动力［M］．北京：中国农业出版社，2020.

[24] 吕萍．中国乡村振兴和城乡融合发展［M］．北京：中国农业出版社，2020.

[25] 姜长云．乡村振兴战略：理论、政策和规划研究［M］．第2版．北京：中国财政经济出版社，2020.

[26] 邵颖萍．落脚乡村与民宿经济［M］．南京：江苏凤凰教育出版社，2019.

[27] 巢洋，范凯业，王悦．乡村振兴战略"重构新农业"重构适合中国国情的农业"产融五阶"体系［M］．北京：中国经济出版社，2019.

[28] 曾蓉．基于乡村振兴背景下乡村旅游扶贫研究［M］．北京：经济管理出版社，2019.

[29] 顾保国，崔友平，董彦岭．产业振兴——绿色安全、优质高效的乡村产业体系建设［M］．郑州：中原农民出版社，2019.

[30] 朱万峰．新时代乡村振兴规划研究［M］．北京：中国农业出版社，2019.

[31] 涂圣伟．中国乡村振兴的制度创新之路［M］．北京：社会科学文献出版社，2019.

[32] 胡豹，黄莉莉．乡村振兴与现代农业多功能战略［M］．北京：中国农业出版社，2019.